고영훈 교수의

인도네시아어 회화1

고영훈 교수의

인도네시아어 회화

1

HU:iNE

머리말

인도네시아에 진출한 한 기업에서 국립 인도네시아대학교 사회학과의 셀로 수마르잔(Selo Soemardjan) 교수와 필자가 이문화 이해를 주제로 특강을 한 적이 있습니다. 당시 대통령 자문교수이기도 했던 셀로 수마르잔 교수는 한국인 직원들에게 인도네시아인과 그 문화에 대하여, 필자는 인도네시아 직원들에게 한국인과 한국 문화에 대하여 이야기하였습니다. 그 때 셀로 수마르잔 교수 강의의 핵심 내용 중의 하나는 언어의 문제입니다. "인도네시아 직원들이 'Bapak'이라는 호칭으로 여러분들을 부른다면 그것은 성공적인 인도네시아 근무라고 생각해도 좋을 것입니다"라고 했습니다. 우리가 영어가 아닌 인도네시아어를 잘 구사하고 신뢰가 쌓여야 인도네시아인들이 그렇게 부를 수 있을 것입니다. 요는 인도네시아어를 유창하게 구사하는 것이 인도네시아 진출 성공의 관건이라는 취지입니다. 당연한 말입니다. 본인이 가지고 있는 상품이나 구상하는 프로젝트를 제대로 설명할 수 있어야 본인의 의지를 관철 할 수 있으니 말입니다. 실제로 인도네시아에서 성공한 사업가들을 만나보면 영어는 물론 현지어를 유창하게 구사한다는 사실을 쉽게 확인할 수 있습니다.

최근 인도네시아에 대한 관심이 더욱 증가하고 있습니다. 2억 6천만의 인구와 풍부한 자연자원을 가진 인도네시아는 매력적인 교역상대국, 투자대상국입니다. 현재 우리의 거의 모든 기업이 인도네시아와 교역을 하거나 투자하고 있습니다. 필자가 재직하고 있는 대학에서도 인도네시아학을 제2전공으로 선택하는 학생들이 인도네시아학을 제1전공으로 하는 학생수와 비슷할 정도로 늘었습니다. 격세지감을 느낄 정도입니다. 이와 같은 현상은 우리나라와 인도네시아 사이의 교류가 증진되고 있음을 반증합니다. 자원부국 인도네시아와 우리나라가 협력할 분야는 다양합니다. 우리의 기술과 자본, 인도네시아의 자원과 인구가 협력하여 시너지를 내고 있습니다. 이러한 상황에서 인도네시아어를 유창하게 구사하는 것은 매우 중요합니다.

필자는 이번에 대학에서의 25년 인도네시아어 교육 경험을 토대로 <인도네시아어 회화> 1,2 권을 출간하게 되었습니다. 그동안 말레이-인도네시아어 첫걸음, 중급 인도네시아어강독, 인도네시아어 읽기연습, 플렉스(FLEX) 인도네시아어 등의 교재와 세

권의 앱북(application book) 등의 교재를 출간하고 대학과 교육방송에서의 인도네시아어 강의 경험을 토대로 이번에 인도네시아어 회화 종이책을 펴내게 되었습니다.

이 책은 본문, 어휘공부, 문법설명, 문형연습, 반복학습, 그리고 확인학습으로 구성되어 있습니다. 본문은 여러 가지 상황을 설정하고 그 상황에 필요한 내용으로 꾸몄고 원어민의 녹음을 들어볼 수 있으며, 어휘공부에서는 본문에 사용된 어휘 및 그 파생어를 설명하되 어휘 하나의 의미가 아닌 의미 있는 단어를 묶어서, 이른바 말묶음(chunk)을 함께 학습할 수 있도록 하였습니다. 문법설명은 회화 문장을 이해하는데 필요한 기본적인 문법을 설명하였고 문형연습에서는 본문에 등장하는 주요 문형을 설명하였습니다. 그리고 언어학습의 주요 원칙인 반복학습에서는 키워드를 바꿔가며 문형을 반복적으로 연습할 수 있게 하였으며 마지막으로 확인학습에서 본인이 학습한 문장을 점검해볼 수 있습니다.

근래 인도네시아와 관련된 서적이 봇물처럼 출간되고 있습니다. 인도네시아를 조금 안다고, 인도네시아에서 몇 년 살았다고 책을 쉽게 내는 사람들이 많이 있습니다. 언어학습 관련 책도 마찬가지입니다. 이 책이 그러한 책들과 변별적인 지위를 갖기 바라며 인도네시아어를 제대로 구사해보려는 분들에게 조금이나마 도움을 줄 수 있기 바랍니다.

2018. 4

한국외대 연구실에서

고 영 훈

목차

고영훈 교수의

인도네시아어 회화

1

제1과 안녕하세요?
APA KABAR?

01

본문

Amelia : Hai, Yoon Ji. Apa kabar?
하이, 윤지. 잘 지냈어요?

Yoon Ji : Hai, Amel. Kabar saya baik. Bagaimana kabar Anda?
하이, 아멜. 나는 잘 지냈어요. 당신은 어때요?

Amelia : Kabar saya juga baik. Bagaimana kabar keluarga Anda di Korea?
나 역시 좋아요. 한국에 있는 당신 가족들은 잘 지내나요?

Yoon Ji : Semuanya baik. Mereka di Seoul sehat.
모두 잘 지내요. 서울에서 모두 건강하게 지내고 있어요.

Amelia : Syukurlah. Keluarga saya di sini juga baik.
다행이네요. 여기 우리 가족 역시 모두 잘 지내고 있어요.

Yoon Ji : Ya, saya harap kita semua dalam keadaan baik.
그래. 우리 모두 다 좋기를 바래요.

Amelia : Saya harap juga begitu.
나도 그러기를 바래요.

Yoon Ji : Benar. Itulah harapan kita semua.
그렇지요. 그게 우리 모두의 바램입니다.

어휘공부

apa (의문사로 사용되어) 무엇, 무슨
Apa kabar? 안녕하세요?

kabar 소식
Kabar baik. 좋습니다.

aku 나('-ku'로 축약될 수 있음. 이 경우 앞 단어에 붙여 씀)
mobilku 내 자동차

baik 좋은, 양호한
cf. bagus 멋진

bagaimana 어떻게, 어떠한
Bagaimana kabarnya? 어떻게 지내세요?

rumah Anda 당신의 집

keluarga 가족, 가정

anggota keluarga 가족

semua 모든, 전부의

semuanya 모두

mereka 그들

mereka itu 그들

sehat 건강한

sehat walafiat 건강한, 강건한

syukur 감사한, 고마운

bersyukur 감사하다, 감사의 뜻을 표하다

di ~에

sini 여기, 이곳

di sana sini 여기저기에

harap, berharap 바라다, 원하다

harapan besar 큰 소망

kita 우리(1인칭 복수형)

kita berdua 우리 둘

dalam ~안에, 안

urusan dalam 내부 일

keadaan 상황, 상태

keadaan darurat 비상상황

juga 역시

Dia pandai, adiknya juga demikian. 그는 영리합니다. 그의 동생도 그렇습니다.

begitu 그러한

benar 옳은

문법설명

1 인사말 "안녕하세요?"

1) 영어의 "How are you?"에 해당하는 인사말은 "Apa kabar?"이다. 아무 때고 이 인사말을 사용할 수 있다. 상대방이 "Apa kabar?"라고 인사하면 "Kabar baik." 혹은 "Baik"이라고 답하며 "좋아요"라는 의미를 가진다. 이와 같은 류의 인사말로 다음과 같은 표현을 쓸 수 있다.

Apa kabar, Pak Hasan?
하산 선생님 안녕하세요?

Baik.
좋습니다.

Biasa saja.
그저 그렇습니다.

Bagaimana kabarnya?
어떻게 지내십니까?

Seperti biasa.
그저 그래요.

Sibuk sedikit dengan urusan keluarga.
집안 일로 좀 바빠요.

Bagaimana kabar ayah Anda?
당신의 아버님은 어떻게 지내십니까?

Baik-baik saja.
잘 지내십니다.

2) 시간에 따라 하는 인사말.

영어의 Goog morning!에 해당하는 인사말은 Selamat pagi!이며 시간에 따라 다음과 같이 인사한다. 영어와는 달리 대화를 나눈 후 헤어질 때에도 사용할 수 있다.

Selamat pagi! (아침 인사)

Selamat siang! (낮 인사)

Selamat sore! (오후 인사)

Selamat malam! (저녁 인사)

3) 만나고 헤어질 때 하는 인사말

특별히 정해진 인사말을 없으나 만나고 헤어질 때에는 대개 다음과 같은 표현의 인사말을 사용한다.

Selamat datang. 어서 오세요.

Saya senang bertemu dengan Anda. 만나뵙게 되어 반갑습니다.

Sudah lama tidak berjumpa. 오랫만이군요.

Selamat jalan. 안녕히 가세요.

Selamat tinggal. 안녕히 계세요.

Sampai berjumpa lagi. 또 만나요.

2 소유격의 표시

원칙적으로 명사 뒤에 인칭대명사를 붙여 소유격을 표시한다.

keluarga Anda 당신의 가족

ibu saya 나의 어머니

buku dia 그의 책

harapan kita 우리의 바램

문형연습

1. Apa kabar, Nanda?
   어떻게 지내요, 난다?

   Baik-baik saja, Pak.
   잘 지냅니다, 선생님.

2. Apa kabar, Bapak?
   선생님, 어떻게 지내세요?

   Biasa saja.
   그저 그렇습니다.

3. Bagaimana kabar ayah Anda?
   당신 아버지는 어떻게 지내십니까?

   Sibuk sekali dengan urusan pribadi.
   개인적인 일로 바쁘십니다.

4. Kabar ibu Anda bagaimana?
   당신 어머니 어떻게 지냅니까?

   Baik-baik saja. Terima kasih.
   잘 지내십니다. 감사합니다.

5. Bagaimana keluarga Anda di Jakarta?
   자카르타에 있는 당신의 가족 잘 지냅니까?

   Syukurlah. Mereka sehat-sehat saja.
   다행히 모두 건강합니다.

6. Bagaimana keluarga Pak Maman di Surabaya?
   수라바야의 마만 선생님 가족은 어떻게 지냅니까?

7. Mereka semua baik-baik saja.
   그들 모두 잘 지냅니다.

8. Saya berharap kita semua dapat sukses.
   우리 모두 성공하기를 바랍니다.

   Semoga lekas sembuh.
   빨리 회복되시기 바랍니다.

9. Harapan saya juga demikian.
   나도 그러기를 바랍니다.

   Demikian harapan kita.
   우리의 소망은 그것입니다.

10. Selamat pagi, Ibu Nenden!
    좋은 아침입니다, 넨덴 선생님!

    Pagi, Sdr. Fian.
    좋은 아침입니다, 피안 군.

반복학습

I. Bagaimana kabar ayah Anda di Surabaya dewasa ini?

요즈음 수라바야에 있는 당신 아버지 어떻게 지내십니까?

1. (paman Anda)

Bagaimana kabar paman Anda di Surabaya dewasa ini?

요즈음 수라바야에 있는 당신 아저씨 어떻게 지내십니까?

2. (Bali)

Bagaimana kabar paman Anda di Bali dewasa ini?

요즈음 발리에 있는 당신 아저씨 어떻게 지내십니까?

3. (akhir-akhir ini)

Bagaimana kabar paman Anda di Bali akhir-akhir ini?

요즈음 발리에 있는 당신 아저씨 어떻게 지내십니까?

II. Anak-anak saya di Jakarta sehat.

자카르타에 있는 내 아이들은 건강합니다.

1. (Adik-adik)

Adik-adik saya di Jakarta sehat.

자카르타에 있는 내 동생들은 건강합니다.

2. (Surabaya)

Adik-adik saya di Surabaya sehat.

수라바야에 있는 내 동생들은 건강합니다.

3. (sibuk)

Adik-adik saya di Surabaya sibuk.

수라바야에 있는 내 동생들은 바쁩니다.

III. Keluarga dia di sini juga baik.

여기 있는 그의 가족들도 좋습니다.

1. (keluarga saya)

Keluarga saya di sini juga baik.

여기 있는 내 가족들도 좋습니다.

2. (sana)

Keluarga saya di sana juga baik.

거기 있는 내 가족들도 좋습니다.

3. (sehat)

Keluarga saya di sana juga sehat.

거기 있는 내 가족들도 건강합니다.

IV. Saya berharap kita semua dalam keadaan baik.

나는 우리 모두가 좋은 상황에 있기를 바랍니다.

1. (dia)

Dia berharap kita semua dalam keadaan baik.

그는 우리 모두가 좋은 상황에 있기를 바랍니다.

2. (Anda semua)

Dia berharap Anda semua dalam keadaan baik.

그는 당신 모두가 좋은 상황에 있기를 바랍니다.

3. (sukses)

Dia berharap Anda semua sukses.

그는 당신 모두가 좋은 성공하기를 바랍니다.

V. Itulah harapan kita semua.

그것이 우리 모두의 바램입니다.

1. (inilah)

Inilah harapan kita semua.

이것이 우리 모두의 바램입니다.

2. (keinginan)

Inilah keinginan kita semua.

이것이 우리 모두의 바램입니다.

3. (Anda semua)

Inilah keinginan Anda semua.

이것이 당신 모두의 바램입니다.

확인학습

I. 다음 단어를 배열하여 주어진 문장을 완성하시오.

1. 오늘 어떻습니까?

   (kabar, hari ini, apa)

2. 오늘 좋아요.

   (hari ini, baik-baik saja)

3. 요즈음 당신 어떻습니까?

   (kabar, bagaimana, anda, dewasa ini)

4. 회사 일로 매우 바빠요.

   (dengan, urusan kantor, sibuk sekali)

5. 당신 형은 어떻게 지냅니까?

   (kabar, bagaimana, kakak Anda)

6. 그는 잘 지냅니다.

   (baik-baik saja, dia)

7. 당신 아이는 어느 학교에 다닙니까?

(di mana, sekolah, anak Anda)

8. 우리 아이는 제7중학교 2학년입니다.

(kelas dua, duduk di, anak saya, SMP 7)

9. 당신 동생은 어디에서 일합니까?

(bekerja, di mana, adik Anda)

10. 내 동생은 키데코 사에서 일합니다.

(Adik saya, PT. KIDECO Jaya Agung, bekerja di)

제2과 좋은 아침입니다! 02
SELAMAT PAGI!

본문

Dong Hoon : Selamat pagi, Amelia.
좋은 아침입니다, 아멜리아.

Amelia : Selamat pagi.
예, 좋은 아침입니다.

Dong Hoon : Sudah sarapan?
아침 식사 했어요?

Amelia : Sudah, tadi jam tujuh.
아까 일곱 시에 했습니다.

Dong Hoon : Pagi sekali sarapannya, makan apa?
아침을 일찍 먹었네요. 무엇을 먹었습니까?

Amelia : Saya makan nasi goreng. Saya buat sendiri nasi goreng.
볶음밥을 먹었어요. 내가 손수 만들었지요.

Dong Hoon : Bangun tidur jam berapa, pagi-pagi sudah membuat nasi goreng?
몇 시에 일어났는데 그렇게 일찍 볶음밥을 만들었나요?

Amelia : Tadi malam saya begadang sampai tengah malam. Waktu subuh saya bangun. Saya olahraga sebentar, lalu saya mandi.
엊저녁에 밤늦게까지 못자고 새벽에 일찍 일어났어요. 잠시 운동하고 목욕했지요.

Dong Hoon : Jadi, Anda sarapan nasi goreng tadi jam tujuh pagi.
그럼 아침 일곱 시에 당신이 볶음밥을 먹었다는 이야기네요.

Amelia : Iya. Saya bikin nasi goreng tadi pagi.
맞아요. 내가 오늘 아침에 볶음밥을 만들었어요.

Dong Hoon : Oh, begitu. Kapan-kapan, ajari saya memasak nasi goreng.
아, 그래요. 언제 시간 있으면 나에게 볶음밥 만드는 법을 가르쳐 줘요.

Amelia : Beres!
알았어요.

어휘공부

selamat 안전한, 안녕
pagi 아침
    Selamat pagi! 좋은 아침입니다.

sudah 이미 ~한
sarapan 아침식사, 조반
    Sudah sarapan? 아침 식사 했습니까?

tadi 아까
    tadi malam 엊저녁

jam 시간, 시각
    jam dua 두 시

    dua jam 두 시간

sekali 매우
    cantik sekali 아주 예쁜

makan 먹다, 식사하다
nasi goreng 볶음밥

buat, membuat: 만들다
    Sedang buat apa sekarang? 지금 뭐 하십니까?

bangun 일어나다, 기상하다

tidur 자다
    bangun tidur 일어나다

berapa 얼마
pagi-pagi 이른 아침

begadang 깨어있다, 잠을 안자다
    begadang sampai larut malam 늦게까지 안 자다

tengah malam 심야, 한밤중

subuh 새벽

olahraga 운동, 체육

sebentar 잠시, 잠깐

Tunggu sebentar! 잠깐만요!

lalu 그 후에, 그 다음에

kapan-kapan (시간이 있을 때) 아무 때나

mengajari 가르쳐주다

memasak 음식을 만들다, 요리하다

beres 정리된, 문제없는

Sudah beres! 다 해결됐습니다.

문법설명

1 대화체 문장과 접두사

인도네시아어는 교착어(agglutinative language)로 음운체계 및 문법체계가 단순하고 시제, 성, 수, 격에 따른 굴절현상(inflections)이 없으며 접사의 활용 다양한 것이 특징이다. 즉, 단어의 어근에 접사(접두사, 접요사, 접미사)를 붙임으로서 그 단어의 가능과 의미가 달라진다. 대화체의 문장에서는 이러한 접사를 붙이지 않아도 그 의미가 달라지지 않을 때 접사를 빼고 말해도 무방하다.

Saya bekerja di PT. Maninda.
나는 마닌다 사에서 일합니다.

Saya kerja di PT. Maninda.
나는 마닌다 사에서 일합니다.

Anak saya bersekolah di SMA 7.
내 아이는 제7고등학교에 다닙니다.

Anak saya sekolah di SMA 7.
내 아이는 제7고등학교에 다닙니다.

Nanda berkuliah di FIB, UI.
난다는 인도네시아대학교 문과대학에 다닙니다.

Nanda kuliah di FIB, UI.
난다는 인도네시아대학교 문과대학에 다닙니다.

Umat Islam wajib berpuasa selama satu bulan pada bulan Ramadan.
이슬람 교도들은 라마단월에 한달간 금식을 해야한다.

Umat Islam wajib puasa selama satu bulan pada bulan Ramadan.
이슬람 교도들은 라마단월에 한달간 금식을 해야한다.

2 "Selamat~"을 사용하는 인사말

Selamat은 "안전, 안녕"의 의미를 가진 단어인데 인사말에 자주 사용된다.

Selamat bekerja. 수고하세요.

Selamat tidur. 안녕히 주무세요.

Selamat ulang tahun. 생일을 축하합니다.

Selamat tahun baru. 신년을 축하합니다.

Selamat berbahagia. 축하합니다.

문형연습

1. Sudah makan malam, Sasa?

   사사, 저녁 식사 했습니까?

   Sudah, Pak.

   예, 했습니다, 선생님.

2. Pagi sekali sarapannya.

   아침을 아주 일찍 먹었군요.

   Iya, Pak. Saya bangun pagi-pagi.

   예, 선생님. 오늘 아침 일찍 일어났습니다.

3. Siapa masak nasi goreng?

   누가 볶음밥을 만들엇습니까?

   Saya buat sendiri nasi goreng.

   제가 손수 볶음밥을 만들었습니다.

4. Bangun tidur jam berapa tadi pagi?

   오늘 아침에 몇 시에 일어났습니까?

   Saya bangun pukul tujuh.

   일곱 시에 일어났습니다.

5. Anda kelihatan cape. Ada apa?

   피곤해 보입니다. 무슨 일입니까?

   Semalam saya begadang sampai tengah malam.

   엊저녁에 나는 늦게까지 안 잤습니다.

6. Tadi buat apa, Bapak?
아까 무엇을 했습니까, 선생님?

Saya olahraga sebentar, lalu saya mandi.
나는 운동을 잠시 한 후 샤워를 했습니다.

7. Saya sarapan soto ayam tadi pagi.
나는 오늘 아침 식사로 소또 아얌을 먹었습니다.

O, begitu.
아, 그렇군요.

8. Saya lapar sekali.
나는 배가 몹시 고픕니다.

Jadi, Anda belum makan siang.
그럼, 당신이 아직 점심을 안 먹었다는 말이군요.

9. Ajari saya memasak nasi goreng.
볶음밥 만드는 법을 가르쳐주세요.

Beres.
알았습니다.

10. Kapan-kapan main ke rumah saya.
언제 시간 있을 때 우리집에 놀러 와요.

Ya, Bapak. Terima kasih.
알았습니다, 선생님. 감사합니다.

반복학습

I. Pagi sekali sarapannya, Anda makan apa?

아침식사를 매우 이른 아침에 했군요, 당신은 무엇을 드셨습니까?

1. (Awal sekali)

Awal sekali sarapannya, Anda makan apa?

아침식사를 매우 일찍 했군요, 당신은 무엇을 드셨습니까?

2. (makan siangnya)

Awal sekali makan siangnya, Anda makan apa?

점심식사를 매우 일찍 했군요, 당신은 무엇을 드셨습니까?

3. (kalian)

Awal sekali makan siangnya, kalian makan apa?

점심식사를 매우 일찍 했군요, 여러분들은 무엇을 드셨습니까?

II. Saya beli sendiri nasi goreng.

내가 볶음밥을 손수 샀습니다.

1. (Dia)

Dia beli sendiri nasi goreng.

그가 볶음밥을 손수 샀습니다.

2. (bikin)

Dia bikin sendiri nasi goreng.

그가 볶음밥을 손수 만들었습니다.

3. (soto ayam)

Dia bikin sendiri soto ayam.

그가 소또 아얌을 손수 만들었습니다.

III. Tadi malam saya begadang sampai tengah malam.

엊저녁에 나는 늦은 밤까지 안 잤습니다.

1. (kemarin malam)

Kemarin malam saya begadang sampai tengah malam.
엊저녁에 나는 늦은 밤까지 안 잤습니다.

2. (kakak saya)

Kemarin malam kakak saya begadang sampai tengah malam.
엊저녁에 우리 형은 늦은 밤까지 안 잤습니다.

3. (bekerja)

Kemarin malam kakak saya bekerja sampai tengah malam.
엊저녁에 우리 형은 늦은 밤까지 일했습니다.

IV. Saya olahraga sebentar, lalu saya mandi.

나는 잠시 운동을 한 후 샤워를 했습니다.

1. (bermain tenis)

Saya bermain tenis sebentar, lalu saya mandi.
나는 테니스를 잠시 한 후 샤워를 했습니다.

2. (satu jam)

Saya bermain tenis satu jam, lalu saya mandi.
나는 테니스를 한 시간 한 후 샤워를 했습니다.

3. (beristirahat)

Saya bermain tenis satu jam, lalu saya beristirahat.
나는 테니스를 한 시간 한 후 휴식을 취했습니다.

V. Kapan-kapan, ajari saya memasak nasi goreng.

언제 시간 있으면 나에게 볶음밥 만드는 법을 가르쳐주세요.

1. (besok)

Besok, ajari saya memasak nasi goreng.

내일 나에게 볶음밥 만드는 법을 가르쳐주세요.

2. (adik saya)

Besok, ajari adik saya memasak nasi goreng.

내일 내 동생에게 볶음밥 만드는 법을 가르쳐주세요.

3. (rawon)

Besok, ajari adik saya memasak rawon.

내일 내 동생에게 라원 만드는 법을 가르쳐주세요.

확인학습

I. 다음 단어를 배열하여 주어진 문장을 완성하시오.

1. 점식 먹었습니까, 아가?
   (Agga, makan, sudah, siang)

2. 아까 열두시에 먹었습니다.
   (sudah, pukul dua belas, tadi)

3. 저녁을 일찍 먹었군요.
   (sekali, makan, malamnya, awal)

4. 내가 배가 많이 고파서요.
   (lapar, karena, sekali, saya)

5. 오늘 아침 몇 시에 일어났습니까?
   (jam berapa, bangun tidur, tadi pagi)

6. 여섯시에 일어났습니다.
   (bangun, saya, pada jam enam)

7. 엊저녁에 나는 늦게까지 안 잤습니다.

(tadi malam, begadang, saya, sampai larut malam)

8. 새벽에 나는 이미 일어났습니다.

(sudah bangun, saya, waktu subuh)

9. 오늘 아침에 나는 소또 아얌을 만들었습니다.

(soto ayam, tadi pagi, bikin, saya)

10. 언제 시간 있을 때 나에게 소또 아얌 만드는 법을 가르쳐주세요.

(ajari, saya, kapan-kapan, soto ayam, bikin)

제3과 저녁식사 초대

UNDANGAN MAKAN MALAM

03

본문

Amelia : Dong Hoon, malam ini Anda ada kegiatan?

동훈, 오늘 저녁에 무슨 일 있어요?

Dong Hoon : Tidak. Saya mau di rumah saja.

아니, 없어요. 집에 있을 거예요.

Amelia : Bagaimana kalau saya mengundang makan malam?

내가 저녁 식사에 초대하고 싶은데요.

Dong Hoon : Makan malam di mana?

어디에서 식사하나요?

Amelia : Di rumah saya, Anda mau?

우리 집에서 하는데, 오겠어요?

Dong Hoon : Boleh. Jam berapa?

좋아요. 몇 시에 합니까?

Amelia : Datang saja setelah Isya.

이샤 기도 후에 와요.

Dong Hoon : Baik. Saya akan datang setelah Isya. Boleh saya mengajak teman?

좋아요. 이샤 기도 후에 갈께요. 친구 데리고 가도 되나요?

Amelia : Oh, boleh. Silakan. Berapa orang?

아, 좋아요. 그렇게 해요. 몇 명입니까?

Dong Hoon : Satu orang. Itu pun kalau teman saya mau diajak makan malam.

한 명입니다. 그 친구가 간다고 하면 데리고 갈께요.

Amelia : Oh, boleh, silakan. Jangan lupa datang setelah Isya.

좋아요, 그렇게 해요. 이샤 후에 오는 거 잊지 말아요.

Dong Hoon : Baik. Terima kasih atas undangan makan malamnya.

좋아요. 저녁식사에 초대해 줘서 고마워요.

Amelia : Baik. Sampai jumpa nanti.

좋아요. 이따가 봐요.

어휘공부

kegiatan 활동

bagaimana 어떻게

kalau 만약 ~라면

  bagaimana kalau ~하면 어떨까요? ~합시다

mengundang 초대하다, 초청하다

  mengundang makan malam 저녁식사에 초대하다

setelah ~한 이후에

  cf. sebelum ~하기 이전에

Isya (이슬람교도들이 일몰 후에 하는) 저녁기도

boleh ~해도 되다(허가를 나타냄)

  Boleh saya bertanya? 질문해도 되겠습니까?

mengajak 권하다, 청하다

berapa 얼마

  Umurnya berapa? 나이가 얼마입니까?

silakan ~하세요

  silakan masuk! 들어오세요!

jangan ~하지마세요(부정명령어)

  Jangan main-main! 장난치지 마세요!

lupa 잊다, 망각하다

berjumpa 만나다

nanti 나중에, 조금 후에, 이따가

  Sampai nanti! 이따 봐요!

문법설명

1 날짜 및 시각의 표시

1) 날짜의 표시는 날짜, 달, 연도의 순으로 표시한다.

Fian lahir pada tanggal 20 Maret tahun 1980.
피안은 1980년 3월 20일에 태어났습니다.

Nanda menikah pada tanggal 4 Mei tahun 2012
난다는 2012년 5월 4일에 결혼했습니다.

Sejak proklamasi tanggal 17 Agustus 1945 itu, bangsa Indonesia sudah merdeka.
1945년 8월 17일 선언 이래로 인도네시아는 독립국가가 되었습니다.

Pramoedya meninggal dunia pada tanggal 30 April 2006.
쁘라무디아는 2006년 4월 30일에 사망했습니다.

Agga mulai belajar bahasa Prancis sejak tanggal 1 Juli 2012
아가는 2012년 7월 1일부터 프랑스어를 배우기 시작했습니다.

2) 인도네시아에는 서부 표준시(WIB), 중부 표준시(WITA), 동부 표준시(WIT) 등 세 개의 표준시가 있으며, 시는 pukul 혹은 jam, 분은 menit을 사용하여 표시한다.

pukul tiga (lewat) dua puluh menit 3시 20분

pukul lima (lewat) empat puluh menit 5시 40분

pukul 7.15 WIB 인도네시아 서부표준시 7시 15분

pukul 9.10 WITA 인도네시아 중부표준시 9시 10분

두시 반은 setengah tiga라고 표시한다.

(* setengah dua가 아님에 주의)

2 권유를 표현하는 "Silakan ~ "

권유를 표할 대는 문장 앞에 "Silakan~ "을 붙인다.

Silakan duduk. 앉으세요.

Silakan masuk. 들어오세요.

Silakan minum. 드세요.

문형연습

1. Malam Minggu ini Anda ada acara apa?
이번 주말에 당신은 무슨 계획이 있습니까?

Saya akan menonton film dengan Nanda.
나는 난다와 영화를 보려고 합니다.

2. Anda punya acara apa nanti malam?
당신은 오늘 저녁에 무슨 계획이 있습니까?

Saya akan mengerjakan tugas di rumah.
나는 집에서 숙제를 할 것입니다.

3. Bagaimana kalau saya mengundang makan malam?
내가 저녁 식사에 초대해도 되겠습니까?

Boleh. Terima kasih.
좋습니다. 감사합니다.

4. Saya mau traktir Anda makan siang.
제가 점심을 대접하겠습니다.

Terima kasih, Pak.
감사합니다, 선생님.

5. Mau makan malam di mana?
어디에서 저녁식사를 합니까?

Di rumah saya saja.
우리 집에서 합니다.

6. Kapan mau datang?
언제 오시겠습니까?

Saya akan datang setelah Isya.
이샤 기도 이후에 가겠습니다.

7. Boleh saya mangajak adik saya?
제 동생을 데리고 가도 되겠습니까?

Tentu saja boleh.
물론 되지요.

8. Jangan lupa datang pukul 7 tepat.
일곱시 정각에 오는 것 잊지 마세요.

Beres, Pak.
알겠습니다, 선생님.

9. Saya mengucapkan terima aksih atas undangan makan malam.
저녁 식사에 초대해주셔서 감사의 말씀을 드립니다.

Sama-sama.
천만에요.

10. Sampai jumpa besok.
내일 만나요.

Iya, sampai besok.
예, 내일 봐요.

반복학습

I. Nanti malam Anda punya acara apa?

당신은 오늘 저녁에 무슨 계획이 있습니까?

1. (akhir minggi ini)

Akhir minggu ini Anda punya acara apa?

당신은 이번 주말에 무슨 계획이 있습니까?

2. (dia)

Akhir minggu ini dia punya acara apa?

그는 이번 주말에 무슨 계획이 있습니까?

3. (kegiatan)

Akhir minggu ini dia punya kegiatan apa?

그는 이번 주말에 무슨 활동이 있습니까?

II. Bagaimana kalau saya mengundang makan malam besok?

제가 내일 저녁 식사에 초대하고 싶습니다.

1. (ayah saya)

Bagaimana kalau ayah saya mengundang makan malam besok?

제 아버지께서 내일 저녁 식사에 초대하고 싶어 합니다.

2. (makan siang)

Bagaimana kalau ayah saya mengundang makan siang besok?

제 아버지께서 내일 점심 식사에 초대하고 싶어 합니다.

3. (hari ini)

Bagaimana kalau ayah saya mengundang makan siang hari ini?

제 아버지께서 오늘 점심 식사에 초대하고 싶어 합니다.

III. Saya akan datang setelah Isya.

나는 이샤 기도 후에 갈 것입니다.

1. (Ibu saya)

Ibu saya akan datang setelah Isya.

저희 어머니는 이샤 기도 후에 갈 것입니다.

2. (pulang)

Ibu saya akan pulang setelah Isya.

저희 어머니는 이샤 기도 후에 돌아올 것입니다.

3. (Magrib)

Ibu saya akan pulang setelah Magrib.

저희 어머니는 마그립 기도 시간 후에 돌아올 것입니다.

IV. Jangan lupa datang setelah Isya.

이샤 기도 시간 이후에 오는 것을 잊지 마세요.

1. (berangkat)

Jangan lupa berangkat setelah Isya.

이샤 기도 시간 이후에 출발하는 것을 잊지 마세요.

2. (sebelum)

Jangan lupa berangkat sebelum Isya.

이샤 기도 시간 이전에 출발하는 것을 잊지 마세요.

3. (Magrib)

Jangan lupa berangkat sebelum Magrib.

마그립 기도 시간 이전에 출발하는 것을 잊지 마세요.

V. Saya mengucapkan terima kasih atas undangan makan malam.

저녁 식사에 초대해주셔서 감사드립니다.

1. (Presdir)

Presdir mengucapkan terima kasih atas undangan makan malam.

대표이사는 저녁 식사에 초대해준 것에 대하여 감사의 뜻을 표했습니다.

2. (ajakan)

Presdir mengucapkan terima kasih atas ajakan makan malam.

대표이사는 저녁 식사에 초대해준 것에 대하여 감사의 뜻을 표했습니다.

3. (makan siang)

Presdir mengucapkan terima kasih atas ajakan makan siang.

대표이사는 점심 식사에 초대해준 것에 대하여 감사의 뜻을 표했습니다.

확인학습

I. 다음 단어를 배열하여 주어진 문장을 완성하시오.

1. 오늘 낮에 계획 있습니까?

   (Anda, punya, siang ini, acara)

2. 없습니다. 집에 있을 것입니다.

   (tidak, mau, saya, di rumah saja)

3. 저녁 식사에 초대하고 싶습니다.

   (mengundang, bagaimana kalau, saya, makan malam)

4. 좋아요. 감사합니다.

   (terima kasih, boleh)

5. 친구 데리고 가도 될까요?

   (saya, boleh, teman saya, mengajak)

6. 몰론 데리고 와도 됩니다. 그렇게 하세요.

   (boleh, tentu saja, silakan)

7. 몇 시에 당신 집으로 갈까요?

(rumah Anda, datang ke, jam berapa, saya)

8. 일곱 시 경에 오세요

(jam tujuh, sekitar, datang saja)

9. 초대해줘서 고맙습니다.

(undangannya, terima kasih, atas)

10. 이따 봅시다.

(jumpa, samapi, nanti)

제4과 댁이 어디입니까?

RUMAH ANDA DI MANA?

04

본문

Yoon Ji : Halo, Amelia. Ini Yoon Ji.

할로, 아멜리아. 나 윤지예요.

Amelia : Ya, ada apa?

예, 무슨 일입니까?

Yoon Ji : Sekarang saya mau datang ke rumah Anda naik taksi.

지금 택시를 타고 당신 집에 가려고 해요.

Amelia : Ya, saya tunggu.
그래요, 기다릴게요.

Yoon Ji : Maaf, Amelia. Tetapi saya belum tahu alamat rumah Anda di mana.
미안한데요, 아멜리아. 당신 집 주소를 아직 몰라요.

Amelia : Oh, begitu. Begini saja: Katakan kepada sopir taksi, Anda mau ke Margonda, Depok.
아, 그래요. 이렇게 하도록 해요. 택시 기사에게 데뽁의 마르곤다에 간다고 말하면 돼요.

Yoon Ji : Kemudian bagaimana?
그 다음에는 어떻게 하지요?

Amelia : Kalau sudah sampai di Margonda, jalan terus ke arah selatan melewati perempatan lampu merah. Di sana ada petunjuk menunjuk kompleks perumahan Kota Kembang.
마르곤다에 도착하면 교차로 적색 신호등을 지나서 계속 남쪽방향으로 걸어 와요. 그곳에 꼬따 끔방 주택단지로 향하는 표지판이 있어요.

Yoon Ji : Oke.
오케이.

Amelia : Masuk saja ke kompleks perumahan Kota Kembang. Cari rumah No. 99.
꼬따 끔방 주택단지로 들어와서 99번지의 집을 찾으면 돼요.

Yoon Ji : Baik, saya akan cari taksi sekarang.
좋아요, 지금 택시를 탈게요.

Amelia : Anda pakai taksi Blue Bird saja.
블루버드 택시를 타도록 해요.

Yoon Ji : Baik. Nanti kalau ada masalah, saya telepon Anda lagi.
알았어요. 이따가 문제 있으면 내가 다시 전화할게요.

Amelia : Ya. Saya tunggu!
그래요, 기다릴게요.

어휘공부

sekarang 지금
  sekarang ini 요즈음

naik 타다, 오르다
  naik gunung 등산하다

tunggu 기다리다
  Tunggu sebentar! 잠깐만요!

belum 아직 ~하지 않은
alamat 주소
sopir 운전사, 기사
kemudian 그 다음에
sampai 도착하다, ~까지
  sampai hati 과감히~하다

terus 계속해서~하다
arah 방향
melewati ~을 통과하다, 지나다
nanti 이따가, 조금 후에
  Nanti dulu! 잠깐만요!

masalah 문제

문법설명

1 명령문의 이해

1) 원칙적으로 문장의 주어를 빼면 명령문이 되며 동사에 <-lah>를 붙일 수 있다.

Lihat orang itu!
저 사람을 봐요!

Angkat tanbgan!
손을 들어요!

Bangunkanlah saya besok pagi jam tujuh!
내일 아침 일곱 시에 나를 깨워요!

Minumlah obat itu setelah makan!
식사 후에 저 약을 복용해요!

2) 동사 뒤에 <saja>를 붙여 명령형을 나타내는 경우가 많으며 이를 <aja>로 줄여서 사용할 수 있다.

Buang saja sampah itu!
쓰레기를 버리시오!

Tunggu saja di depan gedung itu!
저 건물 앞에서 기다리시오!

Turunkan saja barang saya dari mobil!
자동차에서 내 물건을 내리시오!

Ambil saja buku ini!
이 책을 가지시오!

3) 수동형의 문장으로 명령형을 표시할 수 있다.

Pintunya dikunci sebelum pulang!

귀가하기 전에 문을 잠그시오!

Jendela ditutup sebelum tidur!

자기 전에 창문을 닫아요!

4) 부정명령문은 문장 앞에 <jangan>을 붙인다.

Jangan duduk-duduk di depan pintu!

문 앞에 그냥 앉아있지 마시오!

Jangan makan banyak sebelum berolahraga!

운동하기 전에 많이 먹지 마시오!

Jangan mencari-cari akal bulus!

허튼 수작 부리지 마시오!

문형연습

1. Ada apa, Agga?
   아가, 무슨 일입니까?

   Tidak ada apa-apa, Pak.
   아무 일 아닙니다, 선생님.

2. Sekarang saya mau ke rumah Anda dengan bus.
   지금 버스를 타고 당신 집에 가려고 합니다.

   Ya, saya tunggu.
   예, 기다릴게요.

3. Saya belum tahu alamat rumah guru saya di mana.
   나는 우리 선생님 댁 주소가 어디인지 아직 모릅니다.

   O, begitu.
   아, 그렇군요.

4. Saya belum tahu rumah Anda terletak di mana.
   나는 당신 집이 어디인지 아직 모릅니다.

   Katakan kepada sopir taksi, Anda mau ke Margonda, Depok.
   택시 기사에게 데뽁의 마르곤다에 간다고 말해요.

5. Kemudian bagaimana?
   그 다음에는 어떻게 하지요?

   Kalau sudah sampai di Margonda, cari saja kompleks perumahan Kota Kembang.
   마르곤다에 도착하면 계속해서 꼬따 끔방 주택단지를 찾도록 해요.

6. Lalu bagaimana?
그 다음은 어떻게 해요?

Masuk saja ke kompleks perumahan Kota Kembang. Cari rumah No. 99.
꼬따 끔방 주택단지로 들어와서 99번지의 집을 찾으면 돼요.

7. Saya akan naik taksi sebentar lagi.
나는 잠시 후에 택시를 탈 것입니다.

Baik.
좋아요.

8. Lebih baik Anda naik taksi Blue Bird saja.
당신은 블루버드 택시를 타는 것이 좋습니다.

Beres.
알았습니다.

9. Kalau ada masalah, nanti saya akan telepon lagi.
문제 있으면 이따가 다시 전화 하겠습니다.

Oke.
알았습니다.

10. Hati-hati.
조심하세요.

Terima kasih.
감사합니다.

반복학습

I. Sekarang saya mau ke rumah Anda dengan taksi.

나는 지금 택시를 타고 당신 집에 가려고 합니다.

1. (dia)

Sekarang dia mau ke rumah Anda dengan taksi.

그는 지금 택시를 타고 당신 집에 가려고 합니다.

2. (rumah pamannya)

Sekarang dia mau ke rumah pamannya dengan taksi.

그는 지금 택시를 타고 그의 아저씨 집에 가려고 합니다.

3. (bus)

Sekarang dia mau ke rumah pamannya dengan bus.

그는 지금 버스를 타고 그의 아저씨 집에 가려고 합니다.

II. Saya belum tahu alamat rumah Anda di mana.

나는 당신 집 주소가 어디인지 모릅니다.

1. (Adik saya)

Adik saya belum tahu alamat rumah Anda di mana.

내 동생은 당신 집 주소가 어디인지 모릅니다.

2. (sudah tahu)

Adik saya sudah tahu alamat rumah Anda di mana.

내 동생은 당신 집 주소가 어디인지 압니다.

3. (gurunya)

Adik saya sudah tahu alamat rumah gurunya di mana.

내 동생은 그의 선생님 집 주소가 어디인지 압니다.

III. Kalau sudah sampai di Margonda, jalan terus ke arah selatan.

마르곤다에 도착하면 계속해서 남쪽 방향으로 걸어와요.

1. (tiba)

   Kalau sudah tiba di Margonda, jalan terus ke arah selatan.

   마르곤다에 도착하면 계속해서 남쪽 방향으로 걸어와요.

2. (Bundaran HI)

   Kalau sudah tiba di Bundaran HI, jalan terus ke arah selatan.

   인도네시아 호텔 원형 교차로에 도착하면 계속해서 남쪽 방향으로 걸어와요.

3. (utara)

   Kalau sudah tiba di Bundaran HI, jalan terus ke arah utara.

   인도네시아 호텔 원형 교차로에 도착하면 계속해서 북쪽 방향으로 걸어와요.

IV. Saya akan cari taksi sekarang.

내가 지금 택시를 탈게요.

1. (adik perempuan saya)

   Adik perempuan saya akan cari taksi sekarang.

   내 여동생이 지금 택시를 탑니다.

2. (naik)

   Adik perempuan saya akan naik taksi sekarang.

   내 여동생이 지금 택시를 탑니다.

3. (sebentar lagi)

   Adik perempuan saya akan naik taksi sebentar lagi.

   내 여동생이 잠시 후에 택시를 탑니다.

V. Lebih baik Anda naik taksi Blue Bird saja.

당신은 블루버드 택시를 타는 것이 좋습니다.

1. (sebaiknya)

Sebaiknya Anda naik taksi Blue Bird saja.

당신은 블루버드 택시를 타는 것이 좋습니다.

2. (dia)

Lebih baik dia naik taksi Blue Bird saja.

그는 블루버드 택시를 타는 것이 좋습니다.

3. (bus)

Lebih baik dia naik bus saja.

그는 버스를 타는 것이 좋습니다.

확인학습

I. 다음 단어를 배열하여 주어진 문장을 완성하시오.

1. 난다, 무슨 일 있습니까?

   (Nanda, apa, ada)

2. 나는 지금 택시를 타고 당신 집에 가려고 합니다.

   (dengan taksi, sekarang, saya, mau ke, rumah Anda)

3. 나는 당신 집 주소가 어디인지 아직 모릅니다.

   (saya, di mana, belum tahu, rumah Anda, alamat)

4. 그 다음엔 어떻게 하지?

   (bagaimana, kemudian)

5. 마르곤다에 도착하면 계속해서 남쪽 방향으로 걸어와요.

   (kalau, jalan terus, sudah sampai di Margonda, ke arah selatan)

6. 꼬따 끔방 주택단지로 들어오시오.

   (masuk saja, kompleks perumahan Kota Kembang, ke)

7. 지금 택시를 탈게요.

(akan cari, taksi, saya, sekarang)

8. 블루버드 택시를 타는 것이 좋습니다.

(Anda, lebih baik, naik, taksi Blue Bird)

9. 이따가 문제 있으면 전화 다시 할게요.

(kalau ada masalah, nanti, telepon Anda, saya, lagi)

10. 기다릴게요.

(tunggu, saya)

제5과 주소 찾기 05

MENCARI ALAMAT

본문

Yoon Ji : Lihat, itu petunjuk ke perumahan Kota Kembang.

저기 봐요, 꼬따 끔방 주택단지로 가는 표지판이 있어요.

Dong Hoon : Iya, betul.

그렇네요, 맞아요.

Yoon Ji : Sudah dekat, kan?

다 와 가지요?

Sopir Taksi : Ya, saya kira sudah dekat. Nah, itu sudah kelihatan papan namanya.
예, 그런 것 같아요. 자, 문패들이 보이기 시작하네요.

Yoon Ji : Baiklah. Kita akan belok kiri.
좋아요. 좌회전 합니다.

***

Yoon Ji : Permisi. Selamat sore.
실례합니다. 안녕하세요.

Pejalan Kaki: Selamat sore. Anda mau ke mana?
안녕하세요. 어디 갑니까?

Yoon Ji : Saya mau ke rumah Bapak Tisna. Nomor rumahnya 99.
띠스나씨 집에 갑니다. 99번지에 있는 집입니다.

Pejalan Kaki: Oh, ya, betul. Rumah Bapak Tisna nomor 99.
아, 예, 맞아요. 띠스나씨의 집은 99번지입니다.

Yoon Ji : Apakah masih jauh?
아직 멉니까?

Pejalan Kaki: Tidak. Dari sini nanti Anda lurus saja. Setelah ada perempatan, belok ke kanan. Setelah melewati lima rumah, rumah Bapak Tisna yang paling ujung.
아닙니다. 여기에서 이따가 직진합니다. 교차로를 지난 다음에 우회전 하세요. 다섯 채의 집을 지나면 띠스나씨의 집이 가장 끝에 있습니다.

Yoon Ji : Baiklah.
좋아요.

Pejalan Kaki: Jangan lupa. Rumahnya warna putih.
잊지 마세요. 그분 집은 흰색입니다.

Yoon Ji : Oh, iya. Terima kasih. Selamat sore.
예, 알았습니다. 감사합니다. 잘 지내세요.

Pejalan Kaki: Selamat sore.
좋은 오후 되세요.

어휘공부

betul 옳은, 맞는
- Ia cantik betul. 그녀는 정말 아름답다.
- sebetulnya 사실은
- kebetulan 우연히

dekat 가까운, 지척의
- mendekati 다가가다
- mendekatkan 가깝게 만들다, (갖다)대다

kelihatan 보이다

papan nama 문패

membelok 돌다, 회전하다
- Belok ke kiri! 좌회전하시오!

kiri 왼쪽

permisi 허가, 동의, 실례하다

jauh 먼, 훨씬

Dia jauh lebih tinggi daripada ayahnya. 그는 그의 아버지보다 훨씬 크다.

lurus 곧바로, 똑바른, 일직선의

perempatan 사거리, 교차로

paling 가장 ~한

ujung 끝

ujung pangkal 전말, 본질

문법설명

1 양분접사 <ke-an>의 의미

명사, 형용사, 동사 등이 양분접사 <ke-an>과 결합하여 다른 명사를 파생시키거나 형용사의 의미를 강조한다.

1) 'lihat'이나 'dengar' 등의 동사에 결합하여 <가능>의 의미를 가진다.

Gedung DPR kelihatan dari sini.
의회 건물이 여기에서 보인다.

Kapal itu sudah tidak kelihatan lagi.
그 배가 더 이상 보이지 않는다.

Tangis gadis itu kedengaran dari sini.
그 소녀의 울음소리가 여기에서 들린다.

2) 피동의 의미로 <~을 입다, 당하다>의 뜻을 나타낸다.

Saya kehujanan tadi sore.
나는 아까 오후에 비를 맞았습니다.

Anak-anak Afrika kekurangan makanan.
아프리카 어린이들은 음식물이 부족합니다.

3) 형용사와 결합하여 <너무 ~한>의 의미를 갖는다.

Sepatu baru itu kebesaran bagi adik saya.
그 새 신발은 내 동생에게 너무 크다.

Makanan Indonesia kepedasan bagiku.
인도네시아 음식은 나에게 너무 맵다.

4) 형용사나 동사와 결합하여 그 단어 고유의 의미를 갖는 명사형을 만든다.

Saya mengucapkan terima kasih atas undangan Bapak.
선생님의 초대에 감사드립니다.

Kemenangan kesebelasan Korea menyenangkan hati saya.
한국 축구팀의 승리가 내 맘을 기쁘게 했습니다.

2 "Saya kira~" 활용

"Saya kira ~ "는 "내 생각에는 ~" 이라는 의미를 가진 표현으로 일상회화에서 자주 사용되며 "Saya rasa ~"라고도 한다.

Saya kira pendapat Anda sudah benar.
내 생각에는 당신의 견해가 맞습니다.

Saya kira Indonesia merupakan negara yang berpotensi tinggi.
내 생각에 인도네시아는 잠재력이 큰 나라입니다.

Saya rasa hari ini lebih panas daripada kemarin.
내 생각에는 오늘이 어제보다 더 덥습니다.

Saya rasa dia bermuka tebal.
내 생각에 그는 뻔뻔합니다.

문형연습

1. Lihat, itu petunjuk ke perumahan Kota Kembang.
   저기 봐요, 꼬따 끔방 주택단지로 가는 표지판이 있어요.

   Iya, betul.
   그렇네요, 맞아요.

2. Apa sudah dekat,?
   다 와 갑니까?

   Ya, saya kira sudah dekat.
   예, 그런 것 같아요.

3. Itu sudah kelihatan papan namanya.
   저기 문패들이 보이기 시작하네요.

   Ya, begitu.
   예, 그렇군요.

4. Kita akan belok kiri.
   좌회전 합니다.

   Baiklah.
   좋습니다.

5. Permisi. Selamat sore.
   실례합니다. 안녕하세요.

   Selamat sore.
   안녕하세요.

6. Anda mau ke mana?
어디 갑니까?

Saya mau ke rumah Bapak Tisna.
띠스나씨 집에 갑니다.

7. Anda tahu alamat rumah itu di mana?
그 집 주소를 아십니까?

Nomor rumahnya 99.
99번지에 있는 집입니다.

8. Apakah masih jauh?
아직 멉니까?

Tidak. Sudah dekat.
아닙니다. 다 와 갑니다.

9. Dari sini nanti Anda lurus saja. Setelah ada perempatan, belok ke kanan.
여기에서 이따가 직진합니다. 교차로를 지난 다음에 우회전 하세요.

Lalu, bagaimana?
그 다음에 어떻게 하지요?

10. Setelah melewati lima rumah, rumah Bapak Tisna yang paling ujung.
다섯 채의 집을 지나면 띠스나씨의 집이 가장 끝에 있습니다.

Baiklah. Terima kasih.
좋아요. 감사합니다.

반복학습

I. Ini sudah kelihatan papan namanya.

여기 문패가 보이네요.

1. (itu)

Itu sudah kelihatan papan namanya.

저기 문패가 보이네요.

2. (telah)

Itu telah kelihatan papan namanya.

저기 문패가 보이네요.

3. (gunung Merapi)

Itu telah kelihatan gunung Merapi.

저기 머리삐 산이 보이네요.

II. Pak Maman akan membelok ke kanan.

마만 선생님은 우회전할 것입니다.

1. (saya)

Saya akan membelok ke kanan.

나는 우회전할 것입니다.

2. (sudah)

Saya sudah membelok ke kanan.

나는 이미 우회전했습니다.

3. (kiri)

Saya sudah membelok ke kiri.

나는 이미 좌회전했습니다.

III. Adik saya mau ke rumah Pak Anton.

내 동생은 안똔 선생님 댁에 가려고 합니다.

1. (teman saya)

   Teman saya mau ke rumah Pak Anton.

   내 친구는 안똔 선생님 댁에 가려고 합니다.

2. (kantor)

   Teman saya mau ke kantor Pak Anton.

   내 친구는 안똔 선생님 사무실에 가려고 합니다.

3. (Pak Lubis)

   Teman saya mau ke kantor Pak Lubis.

   내 친구는 루비스 선생님 사무실에 가려고 합니다.

IV. Setelah ada perempatan Semanggi, belok ke kanan.

스망기 교차로를 지난 후에 우회전하세요.

1. (Sebelum)

   Sebelum ada perempatan Semanggi, belok ke kanan.

   스망기 교차로를 지나기 전에 우회전하세요.

2. (perempatan Pasar Minggu)

   Sebelum ada perempatan Pasar Minggu, belok ke kanan.

   빠사르 밍구 교차로를 지나기 전에 우회전하세요.

3. (kiri)

   Sebelum ada perempatan Pasar Minggu, belok ke kiri.

   빠사르 밍구 교차로를 지나기 전에 좌회전하세요.

V. Jangan lupa ingatkan saya pada pukul enam pagi.

아침 여섯 시에 나를 상기시켜주는 것을 잊지 마세요.

1. (bangunkan)

   Jangan lupa bangunkan saya pada pukul enam pagi.

   아침 여섯 시에 나를 깨워주는 것을 잊지 마세요.

2. (adik saya)

   Jangan lupa bangunkan adik saya pada pukul enam pagi.

   아침 여섯 시에 내 동생을 깨워주는 것을 잊지 마세요.

3. (pukul lima pagi)

   Jangan lupa bangunkan adik saya pada pukul lima pagi.

   아침 다섯 시에 내 동생을 깨워주는 것을 잊지 마세요.

확인학습

I. 다음 단어를 배열하여 주어진 의미가 되도록 문장을 완성하시오.

1. 지금 위치가 어디입니까?
   (posisinya, sekarang, di mana)

2. 다 와 가는 것 같습니다.
   (sudah, dekat, saya kira)

3. 브로모 산이 여기에서 보입니까?
   (gunung Bromo, apa, dari sini, kelihatan)

4. 그 산은 여기에서 보이지 않습니다.
   (dari sini, tidak kelihatan, gunung itu)

5. 당신은 어디에 가십니까?
   (mau, Anda, ke mana)

6. 발리에 갑니다.
   (mau ke, saya, Bali)

7. 여기에서 직진하세요.

(Anda, dari sini, lurus saja)

8. 그 다음에 우회전하세요.

(belok, kemudian, ke kanan)

9. 그의 집이 흰색이라는 것을 잊지 마세요.

(warna putih, jangan lupa, rumahnya)

10. 예, 감사합니다.

(terima kasih, ya)

제6과 생일을 축하합니다!

SELAMAT ULANG TAHUN!

06

본문

Dong Hoon : Amelia, siang ini Anda ada kuliah?
아멜리아, 오늘 낮에 수업 있어요?

Amelia : Tidak ada. Saya mau pulang. Mau istirahat saja di rumah.
없는데요. 집에 가려고요. 집에 가서 쉬어야겠어요.

Dong Hoon : Bagaimana kalau saya traktir Anda makan siang?
내가 오늘 점심 사고 싶은데 어때요?

Amelia : Tentu saja mau.
물론 좋지요.

Dong Hoon : Ayo kita ke restoran. Hari ini adalah hari yang istimewa buat saya.
자 식당으로 가요. 오늘은 나에게 특별한 날이거든요.

Amelia : Oh, Anda baru dapat kiriman uang?
오, 누가 돈 보내왔나요?

Dong Hoon : Tidak. Hari ini adalah hari ulang tahun saya.
아닙니다. 오늘 내 생일입니다.

Amelia : Wah, pantas. Anda terlihat tampan sekali hari ini.
아, 그럼 그렇지. 당신 오늘 매우 멋져 보여요.

Dong Hoon : Terima kasih.
고마워요.

Amelia : Saya harus mengucapkan selamat ulang tahun kalau gitu. Selamat ulang tahun.
Semoga panjang umur dan banyak rezeki.
그럼 내가 생일 축하 인사를 해 줘야겠네요. 생일 축하해요.
오래오래 살고 돈도 많이 벌기를 바래요.

Dong Hoon : Terima kasih.
고마워요.

어휘공부

kuliah 강의

kuliah umum 공개강의

pulang 귀가하다

pulang kampung 고향에 내려가다

pulang pergi 왕복

beristirahat 쉬다, 휴식을 취하다

tentu saja 물론

istimewa 특별한, 특별히

Ia pandai melukis, istimewa gambar tumbuh-tumbuhan.

그는 그림을 잘 그리는데 특히 식물을 잘 그린다.

baru 바로, 지금 막

cantik 예쁜, 아름다운

mengucapkan 말하다, 표하다

Saya mengucapkan terima kasih atas kedatangan Anda.

와 주셔서 감사의 말씀을 드립니다.

semoga ~하기를 바라다

Semoga lekas sembuh. 쾌유를 빕니다.

문법설명

1 '매우'의 의미를 가진 부사어

1) sekali는 형용사나 부사의 뒤에서 수식한다.

Gadis itu cantik sekali
저 소녀는 매우 예쁘다.

Kemarin dingin sekali.
어제는 매우 추웠습니다.

2) sangat은 형용사나 부사의 앞에서 수식한다.

Mobil itu sangat mahal.
그 자동차는 매우 비싸다.

Gedung itu sangat tinggi.
저 건물은 매우 높다.

2 Bagaimana kalau~ "~할까요?"

Bagaimana kalau kita berangkat sekarang?
우리 지금 출발할까요?

Bagaimana kalau kita makan durian?
우리 두리안 먹을까요?

문형연습

1. Basok Anda punya acara apa?
   당신은 내일 무슨 계획이 있습니까?

   Besok saya mau ke Museum Nasional.
   저는 내일 국립박물관에 가려고 합니다.

2. Annelies cantik sekali.
   아넬리스는 매우 아름답습니다.

   Dia cantik seperti bidadari.
   그는 선녀처럼 예쁩니다.

3. Saya mau bermain tenis besok.
   나는 내일 테니스를 하려고 합니다.

   Boleh saya ikut main?
   제가 함께 해도 될까요?

4. Bagaimana kalau kita pergi ke Bali?
   우리 발리에 갈까요?

   Baik. Saya ingin sekali ke sana.
   좋습니다. 나는 그곳에 매우 가고 싶습니다.

5. Saya baru pulang kerja.
   나는 지금 막 퇴근했습니다.

   Anda pasti cape.
   피곤하겠어요.

6. Kita makan siang di mana?
우리 어디에서 점심 먹지요?

Ayo, kita makan di kantin saja.
자, 구내식당에서 합시다.

7. Besok adalah hari ulang tahun ibu saya.
내일은 우리 어머니 생일입니다.

Selamat hari ulang tahun ibu Anda!
당신 어머님 생신을 축하드립니다.

8. Susanti terlihat cantik sekali hari ini.
수산띠는 오늘 매우 아름다워 보입니다.

Terima kasih sekali.
매우 감사합니다.

9. Saya mengucapkan terima kasih atas pertolongan Anda.
도와주셔서 감사드립니다.

Kembali kasih.
천만에요.

10. Semoga Anda sukses!
성공하기를 기원합니다!

Terima kasih.
감사합니다.

반복학습

I. Besok Anda punya acara apa?

당신은 내일 무슨 계획이 있습니까?

1. (nanti malam)

   Nanti malam Anda punya acara apa?

   당신은 오늘 저녁에 무슨 계획이 있습니까?

2. (Samsul)

   Nanti malam Samsul punya acara apa?

   삼술은 오늘 저녁에 무슨 계획이 있습니까?

3. (mau ke mana)

   Nanti malam Samsul mau ke mana?

   삼술은 오늘 저녁에 어디 갑니까?

II. Bagaimana kalau kita menonton film sekarang?

우리 지금 영화 볼까요?

1. (kalian)

   Bagaimana kalau kalian menonton film sekarang?

   여러분들 지금 영화볼까요?

2. (TV)

   Bagaimana kalau kalian menonton TV sekarang?

   여러분들 지금 텔레비전 볼까요?

3. (besok)

   Bagaimana kalau kalian menonton TV besok?

   여러분들 내일 텔레비전 볼까요?

III. Hari ini adalah hari yang kelabu buat saya.

오늘은 나에게 운이 안 좋은 날입니다.

1. (Besok)

Besok adalah hari yang kelabu buat saya.

내일은 나에게 운이 안좋은 날입니다.

2. (istimewa)

Besok adalah hari yang istimewa buat saya.

내일은 나에게 특별한 날입니다.

3. (ayah saya)

Besok adalah hari yang istimewa buat ayah saya.

내일은 나의 아버지께 특별한 날입니다.

IV. Anda baru dapat kiriman uang dari ayah Anda.

당신은 지금 막 당신 아버지로부터 송금을 받았습니다.

1. (kemarin)

Anda kemarin dapat kiriman uang dari ayah Anda.

당신은 어제 당신 아버지로부터 송금을 받았습니다.

2. (buku)

Anda kemarin dapat kiriman buku dari ayah Anda.

당신은 어제 당신 아버지로부터 책을 받았습니다.

3. (teman Anda)

Anda kemarin dapat kiriman buku dari teman Anda.

당신은 어제 당신 친구로부터 책을 받았습니다.

V. Anda terlihat cantik sekali hari ini.

당신 오늘 아주 아름다워보입니다.

1. (Nanda)

Nanda terlihat cantik sekali hari ini.

난다는 오늘 아주 아름다워 보입니다.

2. (lucu)

Nanda terlihat lucu sekali hari ini.

난다는 오늘 아주 귀여워 보입니다.

3. (kemarin)

Nanda terlihat lucu sekali kamarin

난다는 어제 아주 귀여워보였습니다.

확인학습

I. 다음 단어를 배열하여 주어진 의미가 되도록 문장을 완성하시오.

1. 오늘 낮에 당신은 무슨 계획이 있습니까?
   (Anda, acara apa, ada, siang ini)

2. 수영장에서 수영하려고 합니다.
   (mau berenang, saya, di kolam renang)

3. 우리 따만 사파리에 갈까요?
   (bagaimana kalau, ke Taman Safari, kita)

4. 물론 좋지요.
   (mau, tentu saja)

5. 지금 막 인도네시아에서 돌아왔습니까?
   (baru pulang, Anda, dari Indonesia)

6. 예, 맞아요.
   (benar, ya)

7. 당신은 미남입니다.

(sekali, Anda, ganteng)

8. 산띠의 딸은 미인입니다.

(cantik, anak perempuan Santi, sekali)

9. 쾌유를 빕니다.

(lekas sembuh, semoga)

10. 그가 올해 졸업하기를 바랍니다.

(dapat lulus, dia, mudah-mudahan, tahun ini)

제7과 식당에서

DI RUMAH MAKAN

07

본문

Pelayan : Selamat siang.
안녕하세요.

Amelia : Selamat siang.
안녕하세요.

Pelayan : Ini menunya.
메뉴 여기 있습니다.

Amelia : Terima kasih. Yoon Ji, Anda mau makan apa?
고마워요. 윤지, 무엇을 먹고 싶어요?

Yoon Jin : Terserah Anda saja. Pokoknya, Anda saya traktir.
당신이 정해요. 중요한 것은 내가 당신을 대접하는 것입니다.

Amelia : Terima kasih. Kalau begitu kita makan masakan Sunda saja?
고마워요. 그렇다면 우리 순다 음식 먹을까요?

Yoon Jin : Boleh. Enak ya?
좋아요. 맛있겠지요?

Amelia : Nah, kita pesan tempe goreng, ikan bakar, sambal, dan lalap.
자, 우리 뗌뻬 고렝, 생선구이, 삼발, 그리고 신선한 채소를 주문합니다.

Pelayan : Ada lagi?
더 주문할 것 있습니까?

Amelia : Anda mau minum apa?
당신 무엇 마시겠어요?

Yoon Jin : Minumannya saya pesan jus jeruk.
난 오렌지 주스를 주문할래요.

Amelia : Saya teh hangat saja.
나는 더운 차를 주세요.

Pelayan : Baik. Saya ulang, pesanannya: ikan bakar, tempe goreng, sambal, lalap, satu teh hangat, dan satu air jeruk.
좋습니다. 제가 주문하신 내용을 말해볼게요. 생선구이, 뗌뻬고렝, 삼발, 신선한 채소, 더운 차 한 잔, 그리고 오렌지 주스 한 잔입니다.

Amelia : Iya, terima kasih.
예, 고마워요.

Pelayan : Baik. Silakan tunggu.
좋습니다. 기다리세요.

어휘공부

makan 먹다, 식사하다
makan angin 바람 쐬러 나가다
makan waktu 시간이 걸리다

terserah ~에게 맡기다, ~에게 달려있다, 일임하다

Urusan ini terserah kepada Anda. 이 일은 당신이 알아서 해요.

pokoknya 중요한 것은

traktir 대접하다, 한턱내다
Saya tratir Anda makan siang. 제가 오늘 점심 살게요.

masakan 음식, 요리

enak 맛있는

sayur 야채, 채소
sayur-mayur, sayur-sayuran 다양한 채소

asam 신맛이 나는

lalap 채소, 야채

minum 마시다
minuman 마실것
minuman ringan 음료수
minuman keras (miras) 주류

hangat 따뜻한

ulang 반복하다, 되풀이하다

hari ulang tahun 생일

cetak ulang (서적의) 재판

tunggu 기다리다

Tunggu sebentar! 잠깐만요!

문법설명

1 수동형 문장의 이해

인도네시아어에서 능동형의 문장을 수동형의 문장으로 표현하는 방법은 능동형 문장의 주어의 인칭에 따라 다르다.

1) 주어가 1, 2인칭의 경우에는 능동형 문장의 목적어를 주어로 하고 능동형 문장의 주어가 이어 오고, 그 다음에 동사에서 접두사를 뺀 형태가 온다.

Saya membaca novel itu.
나는 그 소설을 읽었다.

☞ Novel itu saya baca.
그 소설을 내가 읽었다.

Anda membeli topi itu.
당신이 그 모자를 샀습니다.

☞ Topi itu Anda beli.
그 모자를 당신이 샀습니다.

* 조동사의 역할을 하는 단어가 있을 경우 인칭대명사 앞에 위치함에 주의한다.

Saya sudah meminjam buku dari perpustakaan.
나는 도서관에서 책을 빌렸습니다.

☞ Buku sudah saya pinjam dari perpustakaan.(O)
Buku saya sudah pinjam dari perpustakaan.(X)
책을 내가 도서관에서 빌렸습니다.

Anda sudah membeli sepatu boot.
당신은 안전화를 샀습니다.

☞ Sepatu boot sudah Anda beli.(O)
Sepatu boot Anda sudah beli.(X)
안전화를 당신이 샀습니다.

2) 능동형 문장의 주어가 3인칭의 경우에는 영어처럼 목적어를 주어로 하고, 동사에서 접두사 <me->를 빼고 수동접두사 <di->를 붙인 후 <oleh>, 그 뒤에 행위자인 능동형 문장의 주어(dia, ia, mereka)를 붙인다. 이때 <oleh>는 대개 생략되며 행위자인 3인칭대명사 <dia>나 <ia>를 <-nya>로 대치할 수 있다.

Dia menyangrai kacang tanah.
그는 땅콩을 볶았다.

☞ Kacang tanah disangrai ibu.
땅콩을 어머니가 볶았다.

Pak Maman menghasilkan tidak sedikit karya ilmiah.
마만 교수가 적지 않은 학술 서적을 냈다.

☞ Tidak sedikit karya ilmiah dihasilkan Pak Maman.
적지 않은 학술서적을 마만 교수가 냈다.

Pemerintah Korea memberi bantuan hibah kepada negara-negara berkembang.
한국은 개도국들에게 무상원조를 했다.

☞ Bantuan hibah diberi pemerintah Korea kepada negara-nagara berkembang.
무상원조를 한국이 개도국들에게 했다.

문형연습

1. Ini menunya.

   여기 메뉴 있습니다.

   Terima kasih.

   감사합니다.

2. Anda mau makan apa?

   무엇을 드시겠습니까?

   Saya mau makan nasi goreng.

   볶음밥을 먹겠습니다.

3. Anda mau minum apa?

   무엇을 마시겠습니까?

   Terserah Anda saja.

   당신이 알아서 하세요.

4. Anda saya traktir.

   당신을 제가 대접하겠습니다.

   Terima kasih sekali.

   대단히 감사합니다.

5. Bolehkah Anda pesan makanan Indonesia untuk saya?

   저를 위해 인도네시아 음식을 주문해주시겠습니까?

   Kalau begitu, kita makan masakan Padang saja.

   그렇다면 우리 빠당 음식 먹읍시다.

6. Anda mau pesan apa?
무엇을 주문하겠습니까?

Saya mau pesan soto ayam.
나는 소또 아얌을 주문하겠습니다.

7. Apa masakan Sunda enak?
순다 음식 맛있습니까?

Enak sekali, Bapak.
아주 맛있습니다.

8. Anda mau minum apa?
무엇을 마시겠습니까?

Saya mau teh hangat saja.
나는 더운 홍차를 마시겠습니다.

9. Saya ulang pesanannya.
주문 내용을 확인하겠습니다.

Ya, Silakan.
예, 그렇게 하세요.

10. Silakan tunggu.
기다리세요.

Baik. Terima kasih.
좋습니다. 감사합니다.

반복학습

I. Dia mau makan nasi goreang di kantin.

그는 구내식당에서 볶음밥을 먹기 원합니다.

1. (Adik saya)

Adik saya mau makan nasi goreang di kantin.

내 동생은 구내식당에서 볶음밥을 먹기 원합니다.

2. (soto ayam)

Adik saya mau makan soto ayam di kantin.

내 동생은 구내식당에서 소또아얌을 먹기 원합니다.

3. (restoran Sunda)

Adik saya mau makan soto ayam di restoran Sunda.

내 동생은 순다식당에서 소또아얌을 먹기 원합니다.

II. Saya mau traktir Anda makan siang.

나는 당신에게 점심을 대접하고 싶습니다.

1. (ayah saya)

Ayah saya mau traktir Anda makan siang.

나의 아버지가 당신에게 점심을 대접하고 싶어합니다.

2. (dia)

Ayah saya mau traktir dia makan siang.

나의 아버지가 그에게 점심을 대접하고 싶어합니다.

3. (makan malam)

Ayah saya mau traktir dia makan malam.

나의 아버지가 당신에게 저녁을 대접하고 싶어합니다.

III. Anda mau pesan apa di sini?

당신은 여기에서 무엇을 주문하겠습니까?

1. (anaknya)

Anaknya mau pesan apa di sini?

아이는 여기에서 무엇을 주문하려고 합니까?

2. (makan)

Anaknya mau makan apa di sini?

아이는 여기에서 무엇을 먹으려고 합니까?

3. (di sana)

Anaknya mau makan apa di sana?

아이는 거기에서 무엇을 먹으려고 합니까?

IV. Minumannya dia pesan jus jeruk saja tadi pagi di kantin.

그는 오늘 아침 구내식당에서 음료로 오렌지 주스를 주문했습니다.

1. (saya)

Minumannya saya pesan jus jeruk saja tadi pagi di kantin.

나는 오늘 아침 구내식당에서 음료로 오렌지 주스를 주문했습니다.

2. (kopi hitam)

Minumannya saya pesan kopi hitam saja tadi pagi di kantin.

나는 오늘 아침 구내식당에서 음료로 블랙커피를 주문했습니다.

3. (warung tegal)

Minumannya saya pesan kopi hitam saja tadi pagi di warung tegal.

나는 오늘 아침 간이식당에서 음료로 블랙커피를 주문했습니다.

V. Saya ulang, pesanan Anda adalah nasi capcai.

제가 반복하겠습니다. 당신이 주문하신 것은 나시 짭짜이입니다.

1. (pastikan)

Saya pastikan, pesanan Anda adalah nasi capcai.

제가 확인하겠습니다. 당신이 주문하신 것은 나시 짭짜이입니다.

2. (anak Anda)

Saya pastikan, pesanan anak Anda adalah nasi capcai.

제가 확인하겠습니다. 당신 아들이 주문한 것은 나시 짭짜이입니다.

3. (nasi goreng)

Saya pastikan, pesanan anak Anda adalah nasi goreng.

제가 확인하겠습니다. 당신 아들이 주문한 것은 볶음밥입니다.

확인학습

I. 다음 단어를 배열하여 주어진 의미가 되도록 문장을 완성하시오.

1. 무엇을 드시겠습니까?
   (mau, makan apa, Anda)

2. 당신이 알아서 하세요.
   (Anda, terserah)

3. 중요한 것은 당신을 제가 대접한다는 것입니다.
   (pokoknya, saya, Anda, traktir)

4. 대단히 감사합니다.
   (banyak, terima kasih)

5. 그렇다면 우리 순다 음식 먹읍시다.
   (kita, makan, saja, masakan Sunda, kalau begitu)

6. 좋아요. 나도 순다 음식 좋아합니다.
   (boleh, suka juga, masakan Sunda, saya)

7. 나는 볶음밥과 냉차를 주문합니다.

(mau pesan, saya, nasi goreng, es teh manis, dan)

8. 더 있습니까?

(lagi, ada)

9. 주문사항을 다시 말해보겠습니다.

(ulang, saya, pesanannya)

10. 좋아요. 기다리겠습니다.

(saya, tunggu, baik)

제8과 성공을 빕니다!
SEMOGA SUKSES!

08

본문

Amelia : Dong Hoon, saya punya berita baik buat Anda.
동훈, 당신에게 좋은 소식이 있어요.

Dong Hoon : Berita baik apa?
무슨 좋은 소식인데요?

Amelia : Jadi Anda belum dengar berita baik itu.
그 좋은 소식을 아직 못 들었다는 말이네요.

Dong Hoon : Iya, berita baik apa? Semoga bukan berita buruk.
그래요, 무슨 좋은 소식인데요? 나쁜 소식이 아니길 바래요.

Amelia : Anda terpilih sebagai pelajar asing terbaik.
당신이 최우수 외국인 학생으로 뽑혔어요.

Dong Hoon : Oh, ya?
아, 그래요?

Amelia : Ya. Sungguh!
그래. 정말이어요.

Dong Hoon : Benar?
정말이라고요?

Amelia : Benar. Ini saya bawa surat keputusannya.
정말입니다. 여기 내가 그 결정문을 가지고 왔어요.

Dong Hoon : Coba, saya mau baca surat keputusannya.
어디 봐요. 내가 그 결정문을 읽어보고 싶어요.

Amelia : Benar, kan? Selamat! Semoga sukses.
맞지요? 축하해요. 성공하기를 바래요.

Dong Hoon : Terima kasih.
고마워요.

어휘공부

makan 먹다, 식사하다

makan waktu 시간이 걸리다

berita 소식

warta berita 뉴스, 소식

buat ~을 위한

mendengar 듣다

cf. mendengarkan 청취하다, (음악을) 감상하다

semoga ~하기를 바라다, 소망하다

Semoga Anda mendapatkan kekuatan lahir dan batin dalam mengatasi cobaan ini.

이번 시련을 극복하는데 있어서 당신이 온전한 힘을 갖기를 소망합니다.

terpilih 뽑히다

sebagai ~로서

pelajar 학생

asing 낯선, 외국의, 이상한

orang asing 외국인

sungguh 진실한, 정말로, 열심히

Wanita itu sungguh cantik. 그 여자는 매우 예쁘다.

sungguh mati 정말로, 진정으로

membawa 가져오다

keputusan 결정

mengambil keputusan 결정하다

sukses 성공, 성공하다

문법설명

1 부가의문문의 이해

인도네시아어에서 즐겨 쓰는 부가의문문은 문장의 끝에 bukan을 붙이면 된다. 통상 bukan을 kan으로 줄여서 쓰며 그 위치도 문장의 앞이나 중간에 올 수 있다.

Mirna sudah kawin, bukan?
미르나 이미 결혼했지요?

Nanda sudah lulus, bukan?
난다 졸업했지요?

Kamu merasa kikuk dikit, kan?
좀 찝찝하지?

Anda orang Indonesia, kan?
당신 인도네시아 분이지요?

Dia kan sudah sarapan?
그는 아침식사를 했잖아요?

Kan dia masih muda?
그는 아직 젊잖아요?

Kan rumah itu sudah diagunkan?
그 집은 이미 담보로 잡혔잖아요?

2 바램을 나타내는 "Semoga~ "

희망, 소망, 바램을 나타내는 표현으로 "Semoga~"가 있으며 "Moga-moga~", "Mudah-mudahan~"도 같은 표현이다.

Semoga lekas sembuh.
쾌차하시기를 바랍니다.

Semoga kita mendapatkan kekuatan lahir dan batin dalam menghadapi cobaan ini.

이 시련을 극복할 수 있도록 우리가 온전한 능력을 얻을 수 있기 바랍니다.

Mudah-mudahan baik cuacanya besok.

내일 날씨가 좋기를 바랍니다.

Mudah-mudahan persembahan ini sudah dapat menghiburkan Anda sekalian.

이 공연이 여러분들에게 위로가 되었기를 바랍니다.

문형연습

1. Nanda, saya punya berita baik untuk Anda.
   난다, 당신에게 좋은 소식이 있습니다.

   Oh, begitu!
   아, 그래요!

2. Berita baik apa?
   무슨 좋은 소식인데요?

   Anda menjadi juara.
   당신이 우승했어요.

3. Jadi, Anda belum mendengar berita baik itu.
   그럼, 당신은 그 좋은 소식을 아직 못 들었다는 말이네요.

   Iya, betul.
   맞아요.

4. Semoga bukan berita buruk.
   나쁜 소식이 아니기를 바랍니다.

   Tentu saja, tidak.
   물론 아니지요.

5. Anda terpilih sebagai karyawan terbaik.
   당신이 최우수 사원으로 뽑혔습니다.

   Wah, itu luar dugaan.
   와, 그것은 의외입니다.

6. Apa itu benar?
그것이 정말입니까?

Benar, dong.
정말입니다.

7. Saya bawa surat keputusannya.
결정문을 가지고 왔습니다.

Terima aksih.
감사합니다.

8. Coba lihat. Saya mau membacanya.
어디 봅시다. 그것을 읽어보고 싶어요.

Ini dia.
여기 있습니다.

9. Benar, kan?
맞지요?

Iya, benar.
예, 맞네요.

10. Semoga sukses!
성공하시기를 바랍니다!

Ribuan terima kasih.
대단히 감사합니다.

반복학습

I. Saya punya berita baik buat Anda.

당신에게 좋은 소식을 내가 가지고 있습니다.

1. (guru saya)

Guru saya punya berita baik buat Anda.

당신에게 좋은 소식을 우리 선생님이 가지고 있습니다.

2. (kabar baik)

Guru saya punya kabar baik buat Anda.

당신에게 좋은 소식을 우리 선생님이 가지고 있습니다.

3. (buat adiknya)

Guru saya punya kabar baik buat adiknya.

동생에게 좋은 소식을 우리 선생님이 가지고 있습니다.

II. Apa Anda belum mendengar berita baik itu?

당신은 아직 그 좋은 소식을 못 들었습니까?

1. (dia)

Apa dia belum mendengar berita baik itu?

그는 아직 그 좋은 소식을 못 들었습니까?

2. (sudah)

Apa dia sudah mendengar berita baik itu?

그는 그 좋은 소식을 이미 들었습니까?

3. (buruk)

Apa dia sudah mendengar berita buruk itu?

그는 그 나쁜 소식을 이미 들었습니까?

III. Semoga Anda tidak punya berita buruk.

당신이 나쁜 소식을 가지고 있지 않기를 바랍니다.

1. (mudah-mudahan)

   Mudah-mudahan Anda tidak punya berita buruk.

   당신이 나쁜 소식을 가지고 있지 않기를 바랍니다.

2. (dia)

   Mudah-mudahan dia tidak punya berita buruk.

   그가 나쁜 소식을 가지고 있지 않기를 바랍니다.

3. (tahu)

   Mudah-mudahan dia tidak tahu berita buruk.

   그가 나쁜 소식을 알고 있지 않기를 바랍니다.

IV. Anda terpilih sebagai mahasiswa terbaik.

당신은 최우수 학생으로 뽑혔습니다.

1. (teman Anda)

   Teman Anda terpilih sebagai mahasiswa terbaik.

   당신 친구는 최우수 학생으로 뽑혔습니다.

2. (karyawan)

   Teman Anda terpilih sebagai karyawan terbaik.

   당신 친구는 최우수 직원으로 뽑혔습니다.

3. (teladan)

   Teman Anda terpilih sebagai karyawan teladan.

   당신 친구는 모범 직원으로 뽑혔습니다.

V. Saya mau baca surat keputusannya.

나는 결정문을 읽고 싶습니다.

1. (ayah saya)

Ayah saya mau baca surat keputusannya.

나의 아버지는 결정문을 읽고 싶어합니다.

2. (mengirim)

Ayah saya mau mengirim surat keputusannya.

나의 아버지는 결정문을 보내고 싶어합니다.

3. (surat kontrak)

Ayah saya mau mengirim surat kontraknya.

나의 아버지는 계약서를 보내고 싶어합니다.

확인학습

I. 다음 단어를 배열하여 주어진 의미가 되도록 문장을 완성하시오.

1. 당신에게 좋은 소식이 있습니다.
   (punya, berita baik, saya, untuk Anda)

2. 무슨 좋은 소식입니까?
   (apa, berita baik)

3. 당신은 그 좋은 소식을 아직 못들었습니까?
   (apa, belum dengar, Anda, berita baik itu)

4. 아직 못들었습니다.
   (belum, saya, mendengarnya)

5. 나쁜 소식이 아니기를 바랍니다.
   (semoga, berita butuk, bukan)

6. 나도 역시 그러기를 바랍니다.
   (saya, demikian juga, berharap)

7. 당신이 최우수 사원으로 뽑혔습니다.

(terpilih sebagai, Anda, karyawan terbaik)

8. 그것 정말입니까?

(itu, benar)

9. 나는 그 결정문을 읽고 싶습니다.

(surat keputusannya, saya, mau baca)

10. 성공하시기를 바랍니다.

(sukses, semoga)

제9과 하리 라야를 축하합니다! 09

SELAMAT HARI RAYA!

본문

Amelia : Dong Hoon, Anda tahu lusa hari Lebaran?
동훈, 모레가 르바란인 거 알아요?

Dong Hoon : Apa itu Lebaran?
르바란이 뭐예요?

Amelia : Lebaran adalah Hari Raya umat Islam.
르바란이란 무슬림들의 축제일입니다.

Dong Hoon : Oh begitu.
아, 그래요.

Amelia : Iya begitu. Biasanya, pada saat Lebaran semua keluarga berkumpul.

그래요. 대개 르바란에는 온 가족이 모입니다.

Dong Hoon : Seperti Hari Raya Chu Seok?

추석 명절처럼요?

Amelia : Benar, seperti Hari Raya Chu Seok.

맞아요, 추석 명절과 같은 거예요.

Dong Hoon : Kalau begitu, saya mengucapkan Selamat Hari Raya Lebaran.

그렇다면 르바란 축제일을 축하해요.

Amelia : Bukan begitu ucapan salamnya, tetapi "Selamat Hari Raya Idul Fitri."

그렇게 축하 인사를 하는 게 아니고 "이둘 피트리를 축하합니다"라고 해야 돼요.

Dong Hoon : Ya. Saya akan mengucapkan salamnya seperti itu: "Selamat Hari Raya Idul Fitri."

그래요. "이둘 피트리를 축하합니다"라고 말할게요.

Amelia : Terima kasih. Kalau bisa, datang ke rumah saya!

고마워요. 시간되면 우리 집에 와요.

Dong Hoon : Baik. Nanti saya datang.

그래요. 이따 갈게요.

어휘공부

tahu 알다, 인지하다

kasih tahu 알려주다

lusa 모레

umat 신자, 대중

umat Islam 이슬람교도, 무슬림

biasanya 일반적으로, 대개

keluarga 가정, 가족

anggota keluarga 가족

berkumpul 모이다, 집합하다

seperti ~처럼

seperti diketahui 아는 바와 같이

kalau 만약~라면

nanti 이따가, 후에

Nanti dulu! 잠깐만요!

문법설명

1 대화의 기법: 중요한 사항을 먼저 표현

인도네시아어, 특히 대화문에서는 일반화된 <주어+동사+명사>의 어순에 따르지 않고 중요한 사항, 즉 화자가 말하려는 핵심 내용을 먼저 표현하는 것이 일반적이다.

Indah pemandangan Gunung Bromo.
브로모 산의 경치는 아름답습니다.

Tidak demikian maksud saya.
제 의도는 그게 아닙니다.

Sekarat keadaan ayah saya.
나의 아버지는 위독합니다.

Gemuk badan adiknya.
그의 동생은 뚱뚱하다.

Lima ribu rupiah ongkos buka pintu taksi.
택시 기본 요금이 5천 루피아입니다.

Bengong sejenak dia.
그는 잠시 어리둥절했습니다.

Ganteng pacarku.
내 애인은 미남입니다.

문형연습

1. Apa Anda tahu besok hari Lebaran?
   당신은 내일이 르바란이라는 것을 압니까?

   Saya kurang tahu.
   잘 모릅니다

2. Apa itu hari Lebaran?
   르바란이 무엇입니까?

   Lebaran adalah hari raya umat Islam.
   르바란이란 무슬림들의 축제일입니다.

3. Oh, begitu?
   아, 그렇습니까?

   Iya, begitu.
   예, 그렇습니다.

4. Umat Islam melakukan apa pada hari itu?
   그 날 무슬림들은 무엇을 합니까?

   Biasanya, pada saat Lebaran semua keluarga berkumpul.
   대개 르바란에는 대개 온 가족이 모입니다.

5. Mereka pulang kampung juga pada hari Lebaran?
   그들은 르바란에 귀향합니까?

   Ya, benar.
   예, 그렇습니다.

6. Seperti Hari Raya Chu Seok di Korea?
한국의 추석처럼요?

Ya, betul.
예, 맞아요.

7. Saya mengucapkan Selamat Hari Raya Lebaran.
르바란 축제일을 축하해요.

Bukan begitu ucapan salamnya, tetapi "Selamat Hari Raya Idul Fitri."
그렇게 축하 인사를 하는 게 아니고 "이둘 피트리를 축하합니다"라고 합니다.

8. Selamat Hari Natal.
성탄을 축하합니다.

Terima kasih. Selamat Hari Natal dan Tahun Baru!
감사합니다. 성탄절과 새해를 축하합니다.

9. Kalau bisa, datang ke rumah saya.
시간이 되면 우리 집에 오세요.

Baik. terima kasih.
좋아요. 감사합니다.

10. Kapan mau datang?
언제 오시겠어요?

Kapan-kapan.
시간 될 때 갈게요.

반복학습

I. Apa Anda tahu besok hari Lebaran?

당신은 내일이 르바란이라는 것을 압니까?

1. (Nanda)

Apa Nanda tahu besok hari Lebaran?

난다는 내일이 르바란이라는 것을 압니까?

2. (lusa)

Apa Nanda tahu lusa hari Lebaran?

난다는 모레가 르바란이라는 것을 압니까?

3. (hari Natal)

Apa Nanda tahu lusa hari Natal?

난다는 모레가 성탄절이라는 것을 압니까?

II. Biasanya, pada saat Lebaran semua keluarga berkumpul.

일반적으로 르바란에는 온 가족이 모입니다.

1. (Natal)

Biasanya, pada saat Natal semua keluarga berkumpul.

일반적으로 성탄절에는 온 가족이 모입니다.

2. (semua orang)

Biasanya, pada saat Natal semua orang berkumpul.

일반적으로 성탄절에는 모든 사람이 모입니다.

3. (beristirahat)

Biasanya, pada saat Natal semua orang beristirahat.

일반적으로 성탄절에는 모든 사람이 휴식을 취합니다.

III. Kalau begini, saya harus mengucapkan salam "Selamat Hari Raya Lebaran."

이렇다면 나는 "르바란 축제일을 축하합니다"라고 인사해야 합니다.

1. (kalau begitu)

Kalau begitu, saya harus mengucapkan salam "Selamat Hari Raya Lebaran."

그렇다면 나는 "르바란 축제일을 축하합니다"라고 인사해야 합니다.

2. (Anda)

Kalau begitu, Anda harus mengucapkan salam "Selamat Hari Raya Lebaran."

그렇다면 당신은 "르바란 축제일을 축하합니다"라고 인사해야 합니다.

3. (Selamat Hari Natal)

Kalau begitu, Anda harus mengucapkan salam "Selamat Hari Natal."

그렇다면 당신은 "성탄절을 축하합니다"라고 인사해야 합니다.

IV. Bukan begitu ucapannya, tetapi "Selamat Hari Raya Idul Fitri."

그렇게 인사하는게 아니고 "이둘 피트리를 축하합니다"라고 합니다.

1. (begini)

Bukan begini ucapannya, tetapi "Selamat Hari Raya Idul Fitri."

이렇게 인사하는게 아니고 "이둘 피트리를 축하합니다"라고 합니다.

2. (salamnya)

Bukan begini salamnya, tetapi "Selamat Hari Raya Idul Fitri."
이렇게 인사하는게 아니고 "이둘 피트리를 축하합니다"라고 합니다.

3. (Selamat Hari Natal)

Bukan begini salamnya, tetapi "Selamat Hari Natal"
이렇게 인사하는게 아니고 "성탄절을 축하합니다"라고 합니다.

IV. Kalau bisa, datang ke rumah saya.

올 수 있으면 우리 집에 오세요.

1. (memungkinkan)

Kalau memungkinkan, datang ke rumah saya.
가능하면 저희 집에 오세요.

2. (kantor)

Kalau memungkinkan, datang ke kantor saya.
가능하면 제 사무실에 오세요.

3. (paman saya)

Kalau memungkinkan, datang ke kantor paman saya.
가능하면 제 삼촌 사무실에 오세요.

확인학습

I. 다음 단어를 배열하여 주어진 의미가 되도록 문장을 완성하시오.

1. 당신은 내일이 르바란이라는 것을 압니까?
   (tahu, besok, Anda, hari Lebaran)

2. 르바란이 무엇입니까?
   (itu, Lebaran, apa)

3. 르바란은 무슬림들의 축제일입니다.
   (adalah, Lebaran, umat Islam, hari raya)

4. 아, 그렇군요.
   (begitu, oh)

5. 르바란에는 온 가족이 모입니다.
   (berkumpul, semua keluarga, pada saat Lebaran)

6. 한국의 추석처럼요.
   (Hari Chu Seok, seperti, di Korea)

7. 그렇게 축하 인사를 하는게 아니고 “이둘 피트리를 축하합니다”라고 합니다.

(ucapan salamnya, bukan begitu, tetapi, “Selamat Hari Raya Idul Fitri.”)

8. 그렇게 인사할께요.

(seperti itu, saya, akan mengucapkan salamnya)

9. 올 수 있으면 우리집에 오세요.

(kalau bisa, rumah saya, datang ke)

10. 이따가 갈게요.

(saya, nanti, datang)

제10과 르바란 축제일

HARI LEBARAN

10

본문

Yoon Ji : Amel, sebentar lagi kan Lebaran. Katanya, kalau Lebaran banyak makanan?

아멜, 조금 지나면 르바란이잖아요. 사람들이 그러는데 르라란 때에는 음식을 많이 장만한다면서요?

Amelia : Betul. Pada hari Lebaran umat Islam biasanya membuat masakan khusus.

맞아요. 르바란 축제일에 무슬림들은 일반적으로 특별한 음식들을 만들어요.

Yoon Ji : Masakan khusus?
특별한 음식요?

Amelia : Ya. Makanan khusus pada hari Lebaran. Setiap menjelang Lebaran, umat Islam sibuk membuat masakan khusus di rumahnya.
그래요. 르바란 축제일에는 특별 음식이 있지요. 르바란 축제일이 가까워지면 무슬림들은 집에서 특별한 음식을 만드느라 바빠요.

Yoon Ji : Ada makanan khusus apa untuk masakan Lebaran?
르바란 특별 음식에는 무엇이 있지요?

Amelia : Ada, namanya ketupat, sayur, dan opor ayam.
끄뚜빳, 채소류, 그리고 오뽀르 아얌이 있어요.

Yoon Ji : Apa itu ketupat?
끄뚜빳은 뭐지요?

Amelia : Ketupat itu dibuat dari beras. Dibungkus dengan daun kelapa muda. Kemudian dimasak di dalam air.
끄뚜빳은 쌀로 만들어요. 쌀을 야자잎으로 일단 싸야해요. 그 다음에 그것을 물에 넣어 익히는 거예요.

Yoon Ji : Oh, unik juga.
아, 특이한 것이네요.

Yoon Ji : Lalu, apakah ada kegiatan lain di Lebaran?
그리고 르바란에는 또 무슨 일들을 하나요?

Amelia : Biasanya kerabat dan tetangga datang ke rumah. Kemudian, kita saling bermaaf-maafan dan mengucapkan "Selamat Idul Fitri".

대개 친구들이나 친지들이 집에 와요. 그리고 우리는 서로 "슬라맛 이둘 피트리"라고 하면서 서로를 용서하지요.

Yoon Ji : Bermaaf-maafan? Seperti apa?

서로를 용서한다고요? 어떻게 하는 거예요?

Amelia : Begini. Bermaaf-maafan seperti ini dan saling mengucapkan "Mohon maaf lahir dan batin".

이렇게 합니다. 이런 식으로 용서하고 서로 "진심으로 용서를 구합니다."라고 말하는 거예요.

Yoon Ji : Maksudnya apa?

그게 무슨 뜻인가요?

Amelia : Maksudnya, kalau ada kesalahan, semua selesai pada hari itu. Setelah itu jangan melakukan kesalahan lagi. Semua dimulai dengan semangat baru yang lebih baik.

그 의미는, 무슨 잘못이 있었다면 그날 모두 용서하고 잊자는 것입니다. 그 이후에는 더 이상 잘못을 행하지 말자는 의미예요. 모든 것이 더욱 좋은 새로운 열정으로 시작하는 것입니다.

Yoon Ji : OK.

잘 알았어요.

어휘공부

lagi ~후에

sebentar lagi 잠시 후에

khusus 특별한, 특수한

detasmen khusus (densus) 특수부대

setiap 매~, ~마다

setiap hari 매일

menjelang ~할 즈음

menjelang tahun baru 새해를 맞이하여

beras 쌀

membungkus 포장하다, 싸다

daun 잎

daun pintu 문짝

kemudian 그 다음에, 후에

kerabat 동료, 친구

kerabat kerja 직장 동료

tetangga 이웃

saling 서로, 상호간의

kesalahan 잘못, 오류

semangat 의욕, 용기, 열정

semangat baja 대단한 열정

문법설명

1 Lagi의 의미

인도네시아어에서 <lagi>의 의미가 다양하다.

1) "~후에"의 의미

Dua hari lagi dia akan ke Jakarta.
이틀 후에 그는 자카르타에 갈 것이다.

Saya akan kembali sebentar lagi.
잠시 후에 돌아오겠습니다.

2) "다시, 재차, 또"의 의미

Istrinya melahirkan kembar dampit lagi.
그의 아내는 이란성쌍둥이를 또 낳았다.

Dokter penanggung jawabnya menyarankan agar diadakan endoskopi pembiusan sekali lagi.
그의 주치의는 수면내시경을 한 번 더 할 것을 제안했다.

3) "~에다가, ~에 덧붙여"의 의미

Nanda cantik lagi pintar.
난다는 예쁘고 영리합니다.

Rumah paman saya besar lagi bagus.
우리 아저씨의 집은 크고 멋집니다.

4) "~하는 중인"

Fian lagi makan.
피안은 식사중입니다.

Jangan berisik, saya lagi belajar.

시끄럽게 하지 마세요, 저는 아직 공부중입니다.

2 Sibuk ~ "~하느라 바쁘다"

sibuk 뒤에 동사가 위치하여 "~하느라 바쁘다"의 의미를 갖는다.

Dewasa ini dia sibuk belajar bermain tenis.

요즈음 그는 테니스를 배우느라 바쁘다.

Ibu saya sedang sibuk menyediakan sarapan.

나의 어머니는 아침 식사를 준비하느라 바쁩니다.

Teleponnya sedang sibuk.

통화중입니다.

Jalan Soedirman sibuk sekali.

수디르만길은 교통이 매우 혼잡합니다.

문형연습

1. Besok hari apa?
내일 무슨 날입니까?

Besok kan Labaran.
내일이 르바란이잖아요.

2. Ada apa pada hari Lebaran?
르바란에는 무슨 일이 있습니까?

Katanya kalau Lebaran banyak makanan.
사람들 말이 르바란 때에는 많은 음식을 장만한다고 합니다.

3. Ada makanan khusus apa untuk masakan Tahun Baru?
설날 음식으로 특별한 것은 무엇이 있습니까?

Ada banyak termasuk Teokguk.
떡국을 비롯하여 많습니다.

4. Menjelang Lebaran, umat Islam sibuk dengan apa?
르바란이 가까워지면 무슬림들은 무엇 하느라 바쁩니까?

Setiap menjelang Lebaran, umat Islam sibuk membuat masakan khusus di rumahnya.
르바란이 가까워지면 무슬림들은 집에서 특별한 음식을 장만하느라 바쁩니다.

5. Song Pyeon dibuat dari apa?
송편은 무엇으로 만듭니까?

Song Pyeon itu dibuat dari beras.
송편은 쌀로 만듭니다.

6. Apakah ada kegiatan lain di Lebaran?
르바란에는 또 다른 활동이 있습니까?

Biasanya kerabat dan tetangga datang ke rumah.
대개 친구들이나 이웃들이 집에 옵니다.

7. Mereka buat apa di rumah?
그들은 집에서 무엇을 합니까?

Mereka saling bermaaf-maafan dan mengucapkan "Selamat Idul Fitri".
그들은 서로 "슬라맛 이둘 피트리"라고 하면서 서로를 용서하지요.

8. Maksudnya apa?
그게 무슨 뜻입니까?

Maksudnya, kalau ada kesalahan, semua selesai pada hari itu.
그 의미는, 무슨 잘못이 있었다면 그날 모두 용서하고 잊자는 것입니다.

9. Jangan melakukan kesalahan lagi.
더 이상 잘못을 행하지 마시오.

Oke, terima kasih.
예, 알았습니다.

10. Semua dimulai dengan semangat baru yang lebih baik.
모든 것이 더욱 좋은 새로운 열정으로 시작됩니다.

O, begitu.
아, 그래요.

반복학습

I. Katanya kalau Lebaran banyak makanan.
사람들 말이 르바란 때에는 많은 음식을 장만한다고 합니다.

1. (kata Nanda)

   Kata Nanda kalau Lebaran banyak makanan.

   난다 말이 르바란 때에는 많은 음식을 장만한다고 합니다.

2. (Tahun Baru)

   Kata Nanda kalau Tahun Baru banyak makanan.

   난다 말이 설날에는 많은 음식을 장만한다고 합니다.

3. (tidak sedikit)

   Kata Nanda kalau Tahun Baru tidak sedikit makanan.

   난다 말이 설날에는 적지 않은 음식을 장만한다고 합니다.

4. (masakan tradisional)

   Kata Nanda kalau Tahun Baru tidak sedikit masakan tradisional.

   난다 말이 설날에는 적지 않은 전통음식을 장만한다고 합니다.

II. Pada hari Lebaran umat Islam biasanya membuat masakan khusus.
르바란 때 이슬람교도들은 일반적으로 특별한 음식들을 만듭니다.

1. (Hari Raya Idul Adha)

   Pada Hari Raya Idul Adha umat Islam biasanya membuat masakan khusus.

   희생제 때 이슬람교도들은 일반적으로 특별한 음식들을 만듭니다.

2. (keluarga Muslim)

Pada Hari Raya Idul Adha keluarga Muslim biasanya membuat masakan khusus.

희생제 때 무슬림 가족은 일반적으로 특별한 음식들을 만듭니다.

3. (umumnya)

Pada Hari Raya Idul Adha keluarga Muslim umumnya membuat masakan khusus.

희생제 때 무슬림 가족은 일반적으로 특별한 음식들을 만듭니다.

4. (makanan istimewa)

Pada Hari Raya Idul Adha keluarga Muslim umumnya membuat makanan istimewa.

희생제 때 무슬림 가족은 일반적으로 특별한 음식들을 만듭니다.

III. Setiap menjelang Lebaran, umat Islam sibuk membuat masakan khusus di rumahnya.

매년 르바란이 다가오면 이슬람 교도들은 집에서 특별한 음식을 만드느라 바쁩니다.

1. (Tahun Baru)

Setiap menjelang Tahun Baru, umat Islam sibuk membuat masakan khusus di rumahnya.

매년 설날이 다가오면 이슬람 교도들은 집에서 특별한 음식을 만드느라 바쁩니다.

2. (orang Korea)

Setiap menjelang Tahun Baru, orang Korea sibuk membuat masakan khusus di rumahnya.

매년 설날이 다가오면 한국인들은 집에서 특별한 음식을 만드느라 바쁩니다.

3. (menyediakan)

Setiap menjelang Tahun Baru, orang Korea sibuk menyediakan masakan khusus di rumahnya.
매년 설날이 다가오면 한국인들은 집에서 특별한 음식을 준비하느라 바쁩니다.

4.(di dapurnya)

Setiap menjelang Tahun Baru, orang Korea sibuk menyediakan masakan khusus di dapurnya.
매년 설날이 다가오면 한국인들은 부엌에서 특별한 음식을 준비하느라 바쁩니다.

IV. Ketupat itu Anda buat di rumah kemarin.

끄뚜빳을 당신이 어제 집에서 만들었습니다.

1. (lemang)

Lemang itu Anda buat di rumah kemarin.
르망을 당신이 어제 집에서 만들었습니다.

2. (saya)

Lemang itu saya buat di rumah kemarin.
르망을 내가 어제 집에서 만들었습니다.

3. (dapur saya)

Lemang itu saya buat di dapur saya kemarin.
르망을 내가 어제 부엌에서 만들었습니다.

4. (tadi siang)

Lemang itu saya buat di dapur saya tadi siang.
르망을 내가 오늘 낮에 부엌에서 만들었습니다.

V. Biasanya kerabat datang ke rumah saya pada Tahun Baru.

설날에는 대개 동료들이 우리집에 옵니다.

1. (tetangga)

Biasanya tetangga datang ke rumah saya pada Tahun Baru.

설날에는 대개 이웃들이 우리집에 옵니다.

2. (mengunjungi)

Biasanya tetangga mengunjungi rumah saya pada Tahun Baru.

설날에는 대개 이웃들이 우리집을 방문합니다.

3. (rumah kakek)

Biasanya tetangga mengunjungi rumah kakek pada Tahun Baru.

설날에는 대개 이웃들이 할아버지 댁을 방문합니다.

4. (Hari Natal)

Biasanya tetangga mengunjungi rumah kakek pada Hari Natal.

성탄절에는 대개 이웃들이 할아버지 댁을 방문합니다.

확인학습

I. 다음 단어를 배열하여 주어진 의미가 되도록 문장을 완성하시오.

1. 이틀 후면 르바란이잖아요.
   (kan, lagi, Lebaran, dua hari)

2. 사람들 말이 르바란 때에는 음식을 많이 장만한다고 합니다.
   (katanya, banyak makanan, kalau Lebaran)

3. 르바란 때 무슬림들은 대체적으로 특별한 음식을 만듭니다.
   (umat Islam, membuat, pada hari Lebaran, masakan khusus, biasanya)

4. 르바란이 가까워지면 무슬림들은 집에서 특별한 음식을 장만하느라 바쁩니다.
   (umat Islam, setiap menjelang Lebaran, di rumahnya, sibuk, membuat makanan khusus)

5. 르바란 음식으로 특별한 것이 있습니까?
   (apa ada, untuk masakan Lebaran, makanan khusus)

6. 끄뚜빳은 쌀로 만듭니다.
   (dibuat, ketupat itu, dari beras)

7. 르바란에는 또 무슨 일들을 합니까?

(di Lebaran, kegiatan lain, apakah ada)

8. 대개 친구들이나 친지들이 집에 옵니다.

(kerabat dan tetangga, ke rumah, biasanya, datang)

9. 더 이상 잘못을 행하지 마시오.

(kesalahan lagi, jangan, melakukan)

10. 모든 것이 더욱 좋은 새로운 열정으로 시작됩니다.

(dimulai dengan, semua, yang lebih baik, semangat baru)

제11과 가족과 인사

11

BERKENALAN DENGAN KELUARGA

본문

Amelia : Hai, Dong Hoon. Terima kasih, sudah datang ke rumah saya.

하이, 동훈. 고마워요. 우리 집에 와 주었네요.

Dong Hoon : Sama-sama. Ternyata rumah Anda besar.

천만에요. 집이 크네요.

Amelia : Iya, ayah membeli tanah di sini, lalu membangunnya untuk dijadikan tempat tinggal.

그래요. 아버지께서 이곳에 땅을 사두셨어요. 그 후에 주택을 지으신 거고요.

Dong Hoon : Ayah Anda berasal dari mana?
당신 아버님은 어디 출신인가요?

Amelia : Ayah saya berasal dari Bandung. Dia keturunan suku Sunda. Sedangkan, ibu berasal dari Yogyakarta. Dia keturunan suku Jawa.
아버지는 반둥출신입니다. 순다 족이지요. 어머니는 요갸까르따 출신이고 자바 족입니다

Dong Hoon : Oh, begitu.
아, 그래요.

Amelia : Sekarang, Anda akan saya perkenalkan kepada keluarga saya.
지금 당신을 내가 우리 가족에게 소개할거예요.

Dong Hoon : Baik.
좋아요.

Amelia : Ini kakak dan adik saya. Ini kakak saya, namanya Sasa. Ini adik saya, namanya Agga.
여기 언니와 동생이 있어요. 이 사람이 언니이고 이름은 사사입니다. 이 사람은 동생이고 이름은 아가입니다.

Dong Hoon : Saya Kim Dong Hoon dari Korea. Senang berkenalan dengan kalian.
저는 한국에서 온 김동훈입니다. 모두들 만나서 반갑습니다.

어휘공부

ternyata 사실은, 분명한, 알고 보니

Ternyata dia memiliki kemampuan luar biasa.

사실 그는 대단한 능력을 가졌습니다.

membeli 사다, 구입하다

membeli-beli 많이 사다, 이것저것 사다

tanah 땅, 대지, 흙

tanah air 조국

membangun 건설하다, 짓다

menjadikan ~이 되게 만들다

tempat 장소, 곳

tempat lahir 출생지

berasal ~출신인, ~에서 유래하는

Dia berasal dari Bali. 그는 발리 출신이다.

keturunan 후예, 자손

keturunan Cina 중국계

suku 종족

sedangkan 반면에

memperkenalkan 소개하다, 인사시키다

문법설명

1 등위접속사의 활용

단어, 구, 절, 그리고 문장을 동등하게 접속시키는 접속사이다.

1) lalu, kemudian : 그 다음에, ~한 후에

Dokter itu menerawangkan film rontgen ke dekat jendela, lalu duduk kembali di kursinya.
그 의사는 엑스레이 필름을 창문에 비추어본 후 의자에 다시 앉았다.

Dia buru-buru makan mi rebus yang sudah mengembang, lalu pergi bermain ke rumah temannya.
그는 퉁퉁 불은 국수를 서둘러 먹고 난 뒤 친구 집으로 놀러갔다.

Ibu saya merengkuh kepala adik saya, kemudian didekapnya.
어머니는 동생의 머리를 가슴쪽으로 끌어당긴 후 그를 껴안았다.

2) sedangkan, melainkan, tetapi : 반면에, ~이 아니고, 그러나

Fian seorang pengacara, sedangkan Nanda wiraswasta.
피안은 변호사인 반면에 난다는 개인사업가입니다.

Bukan saya yang memilih kasih antara pelajar, melainkan Si Wayan.
학생들을 편애한 것은 내가 아니고 와얀이다.

Orang itu kaya sekali, tetapi kikir.
그 사람은 부유하지만 인색하다.

3) baik ~ maupun ~ : ~ 뿐만 아니라 ~도 역시

Baik Hasan maupun Adrian bisa bermain piano.
하산 뿐만 아니라 아드리안도 역시 피아노를 칠 줄 안다.

Baik saya maupun adik saya tidur berbantalkan lutut ibu.
나 뿐만 아니라 동생도 역시 어머니 무릎을 베고 잤다.

문형연습

1. Terima kasih karena Anda sudah datang ke rumah saya.
우리집에 와주어 감사합니다.

Kembali.
천만에요.

2. Terima kasih banyak.
대단히 감사합니다.

Sama-sama.
천만에요.

3. Ternyata rumah Anda besar.
이제 보니 당신 집이 크군요.

O, begitu. Terima kasih.
아, 그래요. 감사합니다.

4. Siapa yanag membeli tanah di sini?
누가 이곳에 땅을 샀습니까?

Ayah saya yang membeli tanah di sini.
저희 아버지가 이곳에 땅을 샀습니다.

5. Lalu membangunnya untuk dijadikan tempat tinggal.
그 다음에 주택을 지었습니다.

Masuk akal ayah Anda.
당신 아버지의 생각이 좋았습니다.

6. Ayah Anda berasal dari mana?
당신 아버님은 어디 출신입니까?

Dia keturunan suku Sunda.
그는 순다족입니다.

7. Ibu Anda berasal dari mana?
당신 어머니는 어디 출신입니까?

Ibu saya berasal dari Bali.
우리 어머니는 발리 출신입니다.

8. Anda akan saya perkenalkan kepada keluarga saya.
당신을 우리 가족에게 소개하겠습니다.

Terima aksih.
감사합니다.

9. Ini adik saya, namanya Agga.
이 사람은 내 동생이고 이름은 아가입니다.

O, begitu.
아, 그렇습니까?

10. Saya senang bertemu dengan Anda.
당신을 만나게 되어 반갑습니다.

Saya juga gembira berkenalan dengan Anda.
저 역시 당신을 만나서 반갑습니다.

반복학습

I. Terima kasih karena Anda sudah datang ke rumah saya kemarin.

어제 당신이 우리집에 와주어 감사합니다.

1. (ayah Anda)

   Terima kasih karena ayah Anda sudah datang ke rumah saya kemarin.

   어제 당신 아버지가 우리집에 와주어 감사합니다.

2. (mampir)

   Terima kasih karena ayah Anda sudah mampir ke rumah saya kemarin.

   어제 당신 아버지가 우리집에 들려주어 감사합니다.

3. (rumah adik saya)

   Terima kasih karena ayah Anda sudah mampir ke rumah adik saya kemarin.

   어제 당신 아버지가 우리 동생 집에 들려주어 감사합니다.

4. (hari ini)

   Terima kasih karena ayah Anda sudah mampir ke rumah adik saya hari ini.

   오늘 당신 아버지가 우리 동생 집에 들려주어 감사합니다.

II. Ayah saya membeli tanah di sini, lalu membangunnya untuk dijadikan tempat tinggal.

나의 아버지가 이곳에 땅을 사두었고, 그 후에 주택을 지었습니다.

1. (saya)

Saya membeli tanah di sini, lalu membangunnya untuk dijadikan tempat tinggal.

내가 이곳에 땅을 사두었고, 그 후에 주택을 지었습니다.

2. (lahan)

Saya membeli lahan di sini, lalu membangunnya untuk dijadikan tempat tinggal.

내가 이곳에 땅을 사두었고, 그 후에 주택을 지었습니다.

3. (di pinggir kota)

Saya membeli lahan di pinggir kota, lalu membangunnya untuk dijadikan tempat tinggal.

내가 시내 변두리에 땅을 사두었고, 그 후에 주택을 지었습니다.

4. (kantor pusat perusahaannya)

Saya membeli lahan di pinggir kota, lalu membangunnya untuk dijadikan kantor pusat perusahaannya.

내가 시내 변두리에 땅을 사두었고, 그 후에 회사의 본사를 지었습니다.

III. Ayah saya keturunan suku Sunda. Sedangkan, ibu berasal dari Yogyakarta.

나의 아버지는 순다 족입니다. 반면에 어머니는 요갸까르따 출신입니다.

1. (Ayah Fian)

Ayah Fian keturunan suku Sunda. Sedangkan, ibu berasal dari Yogyakarta.

피안의 아버지는 순다 족입니다. 반면에 어머니는 요갸까르따 출신입니다.

2. (suku Madura)

Ayah Fian keturunan suku Madura. Sedangkan, ibu berasal dari Yogyakarta.

피안의 아버지는 마두라 족입니다. 반면에 어머니는 요갸까르따 출신입니다.

3. (akan tetapi)

Ayah Fian keturunan suku Madura. Akan tetapi, ibu berasal dari Yogyakarta.

피안의 아버지는 마두라 족입니다. 그러나 어머니는 요갸까르따 출신입니다.

4. (dari Bandung)

Ayah Fian keturunan suku Madura. Akan tetapi, ibu berasal dari Bandung.

피안의 아버지는 마두라 족입니다. 그러나 어머니는 반둥 출신입니다.

IV. Anda akan saya perkenalkan kepada keluarga saya hari ini di sini.

당신을 오늘 여기서 내가 우리 가족에게 소개하겠습니다.

1. (Fitri)

Fitri akan saya perkenalkan kepada keluarga saya hari ini di sini.

피트리를 오늘 여기서 내가 우리 가족에게 소개하겠습니다.

2. (kepada teman saya)

Fitri akan saya perkenalkan kepada teman saya hari ini di sini.

피트리를 오늘 여기서 내가 내 친구에게 소개하겠습니다.

3. (nanti)

Fitri akan saya perkenalkan kepada teman saya nanti di sini.

피트리를 이따가 여기서 내가 내 친구에게 소개하겠습니다.

4. (di kantor)

Fitri akan saya perkenalkan kepada teman saya nanti di kantor.

피트리를 이따가 사무실에서 내가 내 친구에게 소개하겠습니다.

V. Saya Kim Dong Hoon dari Korea. Senang berkenalan dengan kalian.

나는 한국에서 온 김동훈입니다. 여러분들을 알게되어서 반갑습니다.

1. (Kim Yoon Ji)

Saya Kim Yoon Ji dari Korea. Senang berkenalan dengan kalian.

나는 한국에서 온 김윤지입니다. 여러분들을 알게되어서 반갑습니다.

2. (dari Seoul)

Saya Kim Yoon Ji dari Seoul. Senang berkenalan dengan kalian.

나는 서울에서 온 김윤지입니다. 여러분들을 알게되어서 반갑습니다.

3. (gembira sekali)

Saya Kim Yoon Ji dari Seoul. Gembira sekali berkenalan dengan kalian.

나는 서울에서 온 김윤지입니다. 여러분들을 알게되어서 매우 기쁩니다.

4. (Anda)

Saya Kim Yoon Ji dari Seoul. Gembira sekali berkenalan dengan Anda.

나는 서울에서 온 김윤지입니다. 당신을 알게되어서 매우 기쁩니다.

확인학습

I. 다음 단어를 배열하여 주어진 의미가 되도록 문장을 완성하시오.

1. 감사합니다, 우리집에 와주었군요.
   (terima kasih, ke rumah saya, Anda, sudah datang)

2. 이제 보니 당신 집이 크군요.
   (besar, ternyata, rumah Anda)

3. 아버지가 이곳에 땅을 샀습니다.
   (di sini, ayah, membeli tanah)

4. 그 다음에 주택을 지었습니다.
   (membangunnya, lalu, tempat tinggal, untuk dijadikan)

5. 당신 아버지는 어디 출신입니까?
   (berasal, ayah Anda, dari mana)

6. 그는 순다 출신입니다.
   (dia, suku Sunda, keturunan)

7. 반면에 어머니는 요갸까르따 출신입니다.

(ibu, sedangkan, berasal dari, Yogyakarta)

8. 당신을 우리 가족에게 소개하겠습니다.

(perkenalkan, keluarga saya, kepada, Anda, akan saya)

9. 이 사람은 우리 언니이고 이름은 사사입니다.

(kakak saya, ini, namanya, Sasa)

10. 여러분들을 만나서 반갑습니다.

(senang, berkenalan dengan, kalian, saya)

제12과 새로운 친구

TEMAN BARU

12

본문

Amelia : Yoon Ji, Anda sudah kenal Tomo?
윤지, 또모 알아요?

Yoon Ji : Belum. Siapa dia?
아직 모르는데요. 그가 누구지요?

Amelia : Dia teman baik saya. Tinggalnya di Jakarta.
또모는 나와 친한 친구입니다. 자카르타에 살고 있어요.

Yoon Ji : Kuliah di UI?
인도네시아대학에서 공부하나요?

Amelia : Ya. Mari, saya kenalkan.
맞아요. 자, 내가 소개해 줄게요.

Yoon Ji : Baik. Dengan senang hati.
좋아요. 반가운 마음으로 그리 할게요.

Amelia : Tomo, ini Kim Yoon Ji dari Korea.
또모, 이 친구는 한국에서 온 김 윤지입니다.

Tomo : O, ya. Saya Sutomo Adinegoro. Biasa dipanggil Tomo.
아, 예. 나는 수또모 아디네고로입니다. 또모라고 부르면 됩니다.

Yoon Ji : Saya Kim Yoon Ji dari Seoul Korea.
나는 한국 서울에서 온 김 윤지입니다.

Tomo : Senang berkenalan dengan Anda.
만나게 되어서 반가워요.

Amelia : Tomo, Kim Yoon Ji ini sedang belajar di BIPA. Sudah semester satu.
또모, 윤지는 BIPA과정에서 공부하고 있어요. 첫 번째 학기입니다.

Tomo : Oh pantas, bahasa Indonesianya sudah cukup baik.
아, 그럼 그렇지. 인도네시아어 실력이 꽤 좋아요.

Yoon Ji : Terima kasih. Saya masih harus banyak belajar. Sebenarnya bahasa Indonesia tidak terlalu sulit, meskipun bagi orang Korea, juga tidak terlalu mudah.
고마워요. 아직도 많이 공부해야 합니다. 사실 인도네시아어는 한국 사람들에게도 너무 어렵지도, 그렇다고 그렇게 쉽지도 않아요.

Tomo : Saya kira, jika Anda punya banyak teman Indonesia, Anda akan lebih lancar berbicara bahasa Indonesia.
내 생각에 당신이 인도네시아 친구들과 많이 사귄다면 더욱 유창한 인도네시아어를 구사할 수 있을 것입니다.

어휘공부

sudah 이미 ~한
Sudah mengerti? 이해했습니까?

belum 아직 ~ 하지 않은
Belum lagi. 아직 아닙니다.

siapa 누구
siapa saja 누구나

tinggal 살다, 뒤로 제쳐놓다, 남겨지다
tinggal waktu 기도의 의무를 소홀히 하다

kuliah 강의
kuliah umum 강연, 공개강의

memanggil 부르다, 소환하다

sedang ~ 중인
Ayah saya sedang pergi. 제 아버지는 외출중입니다.

pantas 적당한, 합당한, 당연한, 어울리는

terlalu 너무 ~한

meskipun 비록 ~이지만

mudah 쉬운, 용이한
mudah tersinggung 쉽게 마음에 상처를 입는

sulit 어려운, 난해한

lancar 유창한, 원활한

Dia lancar berbahasa Indonesia. 그는 인도네시아어를 유창하게 합니다.

문법설명

1 종속접속사의 활용

단어, 구, 절 그리고 문장을 종속적으로 연결하는 접속사이다.

1) ketika, selama : ~할 때, ~하는 동안

Ibunya meninggal dunia ketika dia bertugas di luar negeri.
그가 외국에서 근무할 때 그의 어머니가 돌아가셨다.

Selama saya berada di Indonesia, dia sudah menikah.
내가 인도네시아에 있을 때, 그녀가 결혼했다.

2) sambil, seraya : ~하면서

Sambil menangis, dia menjelaskan duduk perkara peristiwa itu.
그는 울면서 사건의 상황을 설명했다.

Seraya menyingkap lembaran novel Bumi Manusia, dia minum kopi hitam.
<인간의 대지> 소설책 책장을 넘기며 그는 블랙커피를 마셨다.

3) begitu : ~하자마자

Begitu masuk ke dalam kamar, ia langsung berbaring di tempat tidur.
방에 들어가자마자 그는 곧바로 침대에 누웠다.

Begitu lulus, Fian dapat pekerjaan di perusahaan besar.
　졸업하자마자 피안은 대기업에 취직했다.

4) walaupun, meskipun : 비록 ~이지만

Walaupun besar rasa ingin tahunya, dia tidak jadi bertanya.
　궁금했지만 그는 물어보지 않았다.

Meskipun sudah musim bunga, cuaca masih dingin juga.
　봄이 왔지만 날씨가 아직 추웠다.

5) supaya, agar : ~하도록

Jangan berbohong supaya tidak merasa menyalahi kata hati.
　양심의 가책을 받지 않도록 거짓말 하지 마시오.

Lekaslah tidur agar tidak bangun kesiangan.
　늦잠 자지 않도록 일찍 잠자리에 들어요.

문형연습

1. Anda sudah kenal Pak Sunu?
   당신은 수누 선생님을 아십니까?

   Belum kenal.
   아직 모릅니다.

2. Siapa dia?
   그는 누구입니까?

   Dia teman baik saya.
   그는 나의 친한 친구입니다.

3. Mari, saya kenalkan.
   자, 내가 소개할게요.

   Terima kasih.
   감사합니다.

4. Nama saya Suryopratomo, dan biasa dipanggil Tomy.
   내 이름은 수르요쁘라또모인데 대개 토미로 불립니다.

   Apa kabar, Pak Tomy?
   안녕하세요, 토미 씨?

5. Saya Kim Yoon Ji dari Seoul Korea.
   나는 한국 서울에서 온 김윤지입니다.

   Saya senang bertemu dengan Anda.
   당신을 만나게 되어 반갑습니다.

6. Anda buat apa di sini?
여기에서 무엇을 합니까?

Saya sedang belajar bahasa Indonesia di BIPA.
나는 인도네시아어학당에서 인도네시아어를 공부하고 있습니다.

7. Sudah sepuluh tahun dia belajar di Indonesia.
그가 인도네시아에서 공부한지 10년이 되었습니다.

Pantas. Bahasa Indonesianya sudah cukup baik.
그럼 그렇지. 그의 인도네시아어 실력이 꽤 좋아요.

8. Saya masih harus banyak belajar.
나는 아직 많이 공부해야 합니다.

Anda sudah lancar berbahasa Indonesia.
당신은 이미 인도네시아어를 잘 합니다.

9. Sebenarnya bahasa Indonesia tidak terlalu sulit bagi saya.
사실 나에게 인도네시아어는 그렇게 어렵지 않습니다.

Benar?
정말입니까?

10. Jika Anda punya banyak teman Indonesia, Anda akan lebih lancar berbicara bahasa Indonesia.
당신이 인도네시아 친구들과 많이 사귄다면 더욱 유창한 인도네시아어를 구사할 수 있을 것입니다.

Saya usahakan punya banyak teman Indonesia.
인도네시아 친구들을 많이 사귀어 보겠습니다.

반복학습

I. Dia teman baik saya. Tinggalnya di Jakarta.

그는 나와 친한 친구입니다. 자카르타에 살고 있어요.

1. (Sunu)

   Sunu teman baik saya. Tinggalnya di Jakarta.

   수누는 나의 친한 친구입니다. 자카르타에 살고 있어요.

2. (saudara sepupu)

   Sunu saudara sepupu saya. Tinggalnya di Jakarta.

   수누는 나의 사촌입니다. 자카르타에 살고 있어요.

3. (sekolahnya)

   Sunu saudara sepupu saya. Sekolahnya di Jakarta.

   수누는 나의 사촌입니다. 자카르타에서 학교 다녀요.

4. (Surabaya)

   Sunu saudara sepupu saya. Sekolahnya di Surabaya.

   수누는 나의 사촌입니다. 수라바야에서 학교 다녀요.

II. Tomo, ini Kim Yoon Ji dari Korea bulan lalu.

또모, 이 친구는 지난 달에 한국에서 온 김 윤지입니다.

1. (Agga)

   Agga, ini Kim Yoon Ji dari Korea bulan lalu.

   아가, 이 친구는 지난달에 한국에서 온 김 윤지입니다.

2. (Kim Dong Hoon)

   Agga, ini Kim Dong Hoon dari Korea bulan lalu.

   아가, 이 친구는 지난달에 한국에서 온 김 동훈입니다.

3. (Seoul)

Agga, ini Kim Dong Hoon dari Seoul bulan lalu.
아가, 이 친구는 지난달에 서울에서 온 김 동훈입니다.

4. (minggu kemarin)

Agga, ini Kim Dong Hoon dari Seoul minggu kemarin.
아가, 이 친구는 지난주에 서울에서 온 김 동훈입니다.

III. Sdr. Kim dari Korea kuliah di Fakultas Hukum UI sejak tahun lalu.

한국에서 온 김 군은 작년부터 인도네시아대학교 법과대학에서 공부합니다.

1. (Sdr. Lee)

Sdr. Lee dari Korea kuliah di Fakultas Hukum UI sejak tahun lalu.
한국에서 온 이 군은 작년부터 인도네시아대학교 법과대학에서 공부합니다.

2. (dari Seoul)

Sdr. Lee dari Seoul kuliah di Fakultas Hukum UI sejak tahun lalu.
서울에서 온 이 군은 작년부터 인도네시아대학교 법과대학에서 공부합니다.

3. (Fakultas Ekonomi)

Sdr. Lee dari Seoul kuliah di Fakultas Ekonomi UI sejak tahun lalu.
서울에서 온 이 군은 작년부터 인도네시아대학교 경제대학에서 공부합니다.

4. (bulan September lalu)

Sdr. Lee dari Seoul kuliah di Fakultas Ekonomi UI sejak bulan September lalu.

서울에서 온 이 군은 지난 9월부터 인도네시아대학교 경제대학에서 공부합니다.

IV. Sebenarnya bahasa Inggris tidak terlalu sulit, meskipun bagi orang Korea.

사실 영어는 한국 사람들에게도 너무 어렵지 않습니다.

1. (sebetulnya)

Sebetulnya bahasa Inggris tidak terlalu sulit, meskipun bagi orang Korea.

사실 영어는 한국 사람들에게도 너무 어렵지 않습니다.

2. (Indonesia)

Sebetulnya bahasa Indonesia tidak terlalu sulit, meskipun bagi orang Korea.

사실 인도네시아어는 한국 사람들에게도 너무 어렵지 않습니다.

3. (begitu)

Sebetulnya bahasa Indonesia tidak begitu sulit, meskipun bagi orang Korea.

사실 인도네시아어는 한국 사람들에게도 너무 어렵지 않습니다.

4. (orang Jepang)

Sebetulnya bahasa Indonesia tidak begitu sulit, meskipun bagi orang Jepang.

사실 인도네시아어는 일본 사람들에게도 너무 어렵지 않습니다.

V. Jika punya banyak teman dari Indonesia, Anda akan lebih lancar berbicara bahasa Indonesia.

인도네시아 친구들과 많이 사귄다면 당신은 더욱 유창한 인도네시아어를 구사할 수 있을 것입니다.

1. (seandainya)

   Seandainya punya banyak teman dari Indonesia, Anda akan lebih lancar berbicara bahasa Indonesia.

   인도네시아 친구들과 많이 사귄다면 당신은 더욱 유창한 인도네시아어를 구사할 수 있을 것입니다.

2. (dari Jakarta)

   Seandainya punya banyak teman dari Jakarta, Anda akan lebih lancar berbicara bahasa Indonesia.

   자카르타 친구들과 많이 사귄다면 당신은 더욱 유창한 인도네시아어를 구사할 수 있을 것입니다.

3. (kalian)

   Seandainya punya banyak teman dari Jakarta, kalian akan lebih lancar berbicara bahasa Indonesia.

   자카르타 친구들과 많이 사귄다면 여러분들은 더욱 유창한 인도네시아어를 구사할 수 있을 것입니다.

4. (pandai)

   Seandainya punya banyak teman dari Jakarta, kalian akan lebih pandai berbicara bahasa Indonesia.

   자카르타 친구들과 많이 사귄다면 여러분들은 더욱 유창한 인도네시아어를 구사할 수 있을 것입니다.

확인학습

I. 다음 단어를 배열하여 주어진 의미가 되도록 문장을 완성하시오.

1. 당신은 마만 선생님을 아십니까?

   (Pak maman, Anda, sudah kenal)

2. 아직 모릅니다. 그분이 누구입니까?

   (siapa dia, belum)

3. 그는 나의 친한 친구입니다.

   (dia, saya, teman baik)

4. 나는 수르요쁘라또모인데 대개 토미로 불립니다.

   (Suryopratomo, saya, dan biasa, Tomy, dipanggil)

5. 나는 한국 서울에서 온 김윤지입니다.

   (saya, dari Seoul Korea, Kim Yoon Ji)

6. 저는 코인 사에서 일하고 있습니다.

   (di PT. Koin, sedang bekerja, saya)

7. 그의 인도네시아어 실력이 이미 꽤 좋습니다.

(sudah, bahasa Indonesianya, cukup baik)

8. 나는 아직 많이 공부해야 합니다.

(banyak belajar, masih harus, saya)

9. 사실 인도네시아어는 그렇게 어렵지 않습니다.

(bahasa Indonesia, tidak terlalu, sebenarnya, sulit)

10. 내 생각에 당신이 인도네시아 친구들과 많이 사귄다면 더욱 유창한 인도네시아어를 구사할 수 있을 것입니다.

(jika Anda, punya banyak teman Indonesia, saya kira, Anda akan, berbicara bahasa Indonesia, lebih lancar)

제13과 기사는 누구입니까? 13

SOPIRNYA SIAPA?

본문

Amelia : Yoon Ji, bagaimana kalau hari Minggu besok kita pergi ke Taman Safari?
윤지, 다음 일요일에 우리 따만 사파리에 갈까요?

Yoon Ji : Di mana letak Taman Safari?
따만 사파리가 어디에 있지요?

Amelia : Letaknya di Cisarua. Tidak jauh dari sini.
찌사루아에 있어요. 여기에서 멀지 않아요.

Yoon Ji : Berapa lama perjalanannya?
여정이 얼마나 걸려요?

Amelia : Tidak lama. Sekitar satu setengah jam.
많이 안 걸려요. 한 시간 반 정도 걸려요.

Yoon Ji : Oke, kalau begitu. Kita naik kendaraan pribadi atau naik kendaraan umum?
그렇다면 좋아요. 우리 자가용으로 가나요 아니면 대중교통을 타나요?

Amelia : Lebih baik membawa mobil sendiri. Ayah saya mengizinkan kita membawa mobil kantor.
자가용으로 가는 게 좋아요. 우리 아버지께서 회사 차를 내 주셨어요.

Yoon Ji : Anda bisa mengendarai mobil?
당신 운전할 줄 알아요?

Amelia : Wah, saya belum bisa. Anda bagaimana?
나는 아직 못해요. 당신은 어때요?

Yoon Ji : Saya juga belum bisa.
나도 아직 못해요.

Amelia : Kalau begitu, sopirnya siapa? Oh, saya ingat. Sopir kantor ayah saya. Namanya Pak Budi.
그럼 누가 운전하지요? 아, 생각났어요. 아빠 회사 기사분이 하면 돼요.
이름은 부디 아저씨입니다.

Yoon Ji : Oke, kalau begitu. Hari Minggu kita pergi ke Cisarua.
그렇다면 오좋아요. 일요일에 찌사루아에 가요.

Amelia : Baiklah.
좋아요.

어휘공부

besok 내일

besok lusa 모레

perjalanan 여행, 여정

sekitar 대략, ~정도

Harganya sekitar Rp. 50 K. 가격은 대략 오만 루삐아입니다.

setengah 반절, 절반

setengah umur 중년의

kendaraan 차량, 탈것

pribadi 사적인, 개인적인

pendapat pribadi 사견

umum 대중의, 일반적인

kendaraan umum 대중교통

lebih baik ~하는 편이 낫다

mengizinkan ~을 허가하다, 허락하다

ingat 기억하다, 상기하다

memperingati 기념하다, 회상하다

memperingatkan 상기시키다

문법설명

1 양분접사 pe(r)-an

양분접사 pe(r)-an은 명사, 동사, 형용사 등과 결합하여 파생명사를 형성하며, 접두사 ber-가 붙는 동사는 per-an, 접두사 me-가 붙는 동사는 pe-an 형태의 파생명사를 형성한다.

1. 양분접사 per-an은 동작의 사건, 결과, 장소, 도구 등의 의미를 가진다.

Perjuangan Korea terhadap pihak penjajah Jepang luar biasa.
일본 식민통치 당국에 대한 한국의 저항은 대단했다.

Pertemuan mereka berlangsung hanya setengah jam saja.
그들의 만남은 겨우 삽십 분 동안 지행되었다.

Turunkan saya di perhentian bus Pasar Minggu.
나를 빠사르 밍구 버스 정류장에 내려주세요.

Kapal dagang itu berlabuh di pelabuhan Surabaya.
그 상선은 수라바야항에 정박했다.

Indonesia merupakan negara pertanian.
인도네시아는 농업국이다.

2. 양분접사 pe-an은 동작의 과정이나 결과를 나타낸다.

Kado ini pemberian teman saya.
이 선물은 내 친구가 준 것이다.

Pembebasan tapol harus segera dilakukan pemerintah itu.
정치범에 대한 석방을 그 정부에서 즉시 행해야 한다.

Bulan lalu pengeluaran uangnya banyak sekali.
지난 달에 지출이 매우 많았다.

Menurut pendangaran saya, dia tidak jadi pergi belajar ke luar negeri.
내가 듣기로는 그가 외국유학을 가지 않게 되었다고 한다.

Sistem pendidikan di negara ini perlu diperbaiki.

이 나라의 교육제도는 개선이 필요하다.

2 Lebih baik "~하는 편이 낫다"

대개 문장의 앞에 위치하여 "~하는 편이 낫다"의 의미를 갖는다.

Lebih baik Anda berangkat sekarang juga.

지금 출발하는 것이 좋습니다.

Lebih baik Anda mengurangi kecemasan orang tua Anda.

당신 부모님을 안심시켜드리는 것이 낫습니다.

Lebih baik dia berbaikan dengan temannya.

그가 친구와 잘 지내는 것이 좋습니다.

Lebih baik diambil keputusan dengan suara terbanyak.

다수결로 결정하는 것이 낫습니다.

문형연습

1. Bagaimana kalau hari Minggu kita pergi ke Taman Safari?
일요일에 우리 따만 사파리에 갈까요?

Baik. Saya setuju.
좋아요. 동의합니다.

2. Di mana letak Taman Safari?
따만 사파리가 어디에 있습니까?

Taman Safari terletak di daerah Cisarua.
따만 사파리는 찌사루아에 있습니다.

3. Berapa lama perjalanannya?
여정이 얼마나 걸립니까?

Saya kira dua jam sudah cukup.
제 생각이 두 시간이면 충분합니다.

4. Barapa lama sampai ke Monas?
모나스까지 얼마나 걸립니까?

Makan waktu satu jam saja.
한 시간 밖에 안 걸립니다.

5. Apa kita naik kendaraan umum?
우리는 대중교통으로 갑니까?

Iya. Itu lebih praktis.
예. 그것이 더 실용적입니다.

6. Anda mau naik apa ke sana?
무엇을 타고 거기에 갑니까?

Lebih baik membawa mobil sendiri.
자가용으로 가는 게 더 좋습니다.

7. Kita naik mobil siapa?
우리는 누구의 차를 탑니까?

Ayah saya mengizinkan kita membawa mobil kantor.
나의 아버지가 우리에게 사무실 차를 쓰도록 허락했습니다.

8. Anda bisa mengendarai mobil?
당신은 운전할 줄 압니까?

Tentu saja bisa.
물론 할 줄 압니다.

9. Anda bisa bermain piano?
당신은 피아노를 칠 줄 압니까?

Saya belum bisa. Anda bagaimana?
나는 아직 못합니다. 당신은 어떻습니까?

10. Hari Sabtu kita pergi ke Bali.
토요일에 우리는 발리에 갑니다.

Bersenang-senang saja di sana.
그곳에서 재미있게 놀아요.

반복학습

I. Bagaimana kalau hari Minggu besok kita pergi ke Taman Safari?

다음 일요일에 우리 따만 사파리에 갈까요?

1. (hari Sabtu)

   Bagaimana kalau hari Sabtu besok kita pergi ke Taman Safari?

   다음 토요일에 우리 따만 사파리에 갈까요?

2. (depan)

   Bagaimana kalau hari Sabtu depan kita pergi ke Taman Safari?

   다음 토요일에 우리 따만 사파리에 갈까요?

3. (kalian)

   Bagaimana kalau hari Sabtu depan kalian pergi ke Taman Safari?

   다음 토요일에 여러분들 따만 사파리에 갈까요?

4. (Taman Mini)

   Bagaimana kalau hari Sabtu depan kalian pergi ke Taman Mini?

   다음 토요일에 여러분들 따만 미니에 갈까요?

II. Letaknya di Cisarua. Tidak begitu jauh dari sini.

찌사루아에 있어요. 여기에서 멀지 않아요.

1. (lokasinya)

   Lokasinya di Cisarua. Tidak begitu jauh dari sini.

   찌사루아에 있어요. 여기에서 그렇게 멀지 않아요.

2. (Depok)

   Lokasinya di Depok. Tidak begitu jauh dari sini.

   데뽁에 있어요. 여기에서 그렇게 멀지 않아요.

3. (dekat)

   Lokasinya di Depok. Tidak begitu dekat dari sini.

   데뽁에 있어요. 여기에서 그렇게 가깝지 않아요.

4. (sana)

   Lokasinya di Depok. Tidak begitu dekat dari sana.

   데뽁에 있어요. 거기에서 그렇게 가깝지 않아요.

III. Ayah saya mengizinkan kita membawa mobil kantor.

우리 아버지께서 우리에게 회사 차를 내주셨어요.

1. (paman saya)

   Paman saya mengizinkan kita membawa mobil kantor.

   우리 삼촌께서 우리에게 회사 차를 내주셨어요.

2. (kalian)

   Paman saya mengizinkan kalian membawa mobil kantor.

   우리 삼촌께서 당신들에게 회사 차를 내주셨어요.

3. (menggunakan)

Paman saya mengizinkan kalian menggunakan mobil kantor.

우리 삼촌께서 당신들에게 회사 차를 내주셨어요.

4. (mobilnya)

Paman saya mengizinkan kalian menggunakan mobilnya.

우리 삼촌께서 당신들에게 자기 차를 내주셨어요.

IV. Sopir kantor ayah saya, dan namanya Pak Budi.

아빠 회사 기사분이 하면 되고 이름은 부디 아저씨입니다.

1. (karyawan)

Karyawan kantor ayah saya, dan namanya Pak Budi.

아빠 회사 직원분이 하면 되고 이름은 부디 아저씨입니다.

2. (perusahaan)

Karyawan perusahaan ayah saya, dan namanya Pak Budi.

아빠 회사 직원분이 하면되고 이름은 부디 아저씨입니다.

3. (kakak saya)

Karyawan perusahaan kakak saya, dan namanya Pak Budi.

형 회사 직원분이 하면 되고 이름은 부디 아저씨입니다.

4. (Pak Tono)

Karyawan perusahaan kakak saya, dan namanya Pak Tono.

형 회사 직원분이 하면 되고 이름은 또노 아저씨입니다.

V. Hari Minggu kita pergi ke Cisarua.

일요일에 우리 찌사루아에 가요.

1. (bulan depan)

   Bulan depan kita pergi ke Cisarua.

   다음 달에 우리 찌사루아에 가요.

2. (kalian)

   Bulan depan kalian pergi ke Cisarua.

   다음 달에 여러분들 찌사루아에 가요.

3. (mengunjungi)

   Bulan depan kalian mengunjungi Cisarua.

   다음 달에 여러분들 찌사루아 방문해요.

4. (Bali)

   Bulan depan kalian mengunjungi Bali.

   다음 달에 여러분들 발리 방문해요.

확인학습

I. 다음 단어를 배열하여 주어진 의미가 되도록 문장을 완성하시오.

1. 다음 일요일에 우리 따만 미니에 갈까요?
   (hari Minggu besok, bagaimana kalau, Taman Mini, kita pergi ke)

2. 따만 미니가 어디에 있나요?
   (Taman Mini, letak, di mana)

3. 여기에서 멀지 않습니다.
   (dari sini, tidak jauh)

4. 여정이 얼마나 걸립니까?
   (lama, perjalanannya, berapa)

5. 많이 안 걸립니다. 한 시간 반 정도 걸립니다.
   (tidak lama, satu setengah, sekitar, jam)

6. 우리는 자가용으로 갑니까 아니면 대중교통을 이용합니까?
   (naik kendaraan pribadi, naik kendaraan umum, kita, atau)

7. 자가용으로 가는 게 더 좋습니다.

(lebih baik, mobil sendiri, membawa)

8. 나의 아버지가 우리에게 사무실 차를 쓰도록 허락했습니다.

(mengizinkan kita, ayah saya, mobil kantor, membawa)

9. 당신은 운전할 수 있습니까?

(mengendarai mobil, bisa, Anda)

10. 일요일에 우리 찌사루아에 갑니다.

(Hari Minggu, pergi ke, kita, Cisarua)

제14과 따만 사파리로의 여행 14

PERJALANAN KE TAMAN SAFARI

본문

Amelia : Fian, kita berangkat sekarang saja, yuk, ke Taman Safari.

피안, 우리 지금 출발해요. 자, 따만 사파리로.

Fian : Baik. Kalau kita berangkat sekarang, perjalanan ke Taman Safari belum macet.

좋아요. 지금 시간에 출발하면 길이 막히지 않을 거예요.

Amelia : Itu lebih baik.

그게 더 좋아요.

Fian : Siapa lagi yang akan ikut?
함께 갈 사람이 또 누구지요?

Amelia : Tidak ada lagi. Hanya saya dan Yoon Ji.
더 이상 없어요. 나와 윤지뿐이어요.

Fian : Jadi, hanya berdua?
그럼 둘뿐이네요.

Amelia : Ya, betul.
그래요, 맞아요.

Fian : Kita ke sana santai saja. Tidak perlu terburu-buru.
우리 천천히요. 서두를 것 없잖아요.

Amelia : Iya, tidak apa-apa. Itu lebih baik. Ayo Yoon Ji, kita berangkat.
그래요, 괜찮아요. 그것이 더 좋아요. 자 윤지, 우리 출발해요.

Yoon Ji : Amel, tunggu dulu. Saya boleh bertanya?
아멜, 잠깐만요. 뭐 좀 물어도 돼요?

Amelia : Boleh.
그래요.

Yoon Ji : Di Taman Safari itu ada apa?
따만 사파리에는 무엇이 있어요?

Amelia : Oh, jadi Anda belum tahu Taman Safari itu apa?
아, 당신은 아직 따만 사파리가 무엇인지 모르는군요.

Yoon Ji : Belum. Tapi saya sudah sering dengar nama taman itu.
아직 몰라요. 하지만 따만 사파리에 대해서는 많이 들어봤어요.

Amelia : Taman Safari itu semacam kebun binatang. Di sana ada binatang buas dan binatang-binatang lainnya, yang hidup di alam bebas terbuka.
따만 사파리는 일종의 동물원입니다. 그곳에는 맹수들과 다른 여러 동물들이 있는데 그 동물들은 탁 트인 자연에서 살고 있지요.

Yoon Ji : Oh, begitu.
아, 그래요.

Amelia : Nanti pokoknya Anda lihat, deh, berbagai macam binatang. Yuk!
이따가 가서 여러 종류의 동물들을 보는 것이 중요해요. 자!

어휘공부

mengikut 동참하다, 함께하다

cf. mengikuti 뒤따르다, 따라가다

santai 한가로운, 여유로운

bersantai 한가로운 시간을 보내다, 담소하다

Presdir sedang bersantai dengan para karyawan.

대표이사가 직원들과 담소를 나누고 있다.

perlu ~이 필요하다

terburu-buru 서둘러서 ~하다

Tidak usah terburu-buru, biar lambat asal selamat.

서두를 것 없어요, 늦더라도 안전이 중요해요.

dulu 우선, 먼저, 예전에

sering 자주

mendengar 듣다

cf. mendengarkan 청취하다

kebun binatang 동물원

bebas 자유로운, ~이 면제되는, ~이 없는

bebas bea 면세의

bebas banjir 홍수가 안 나는

bebas rokok 금연

bebas parkir 무료주차

macam 종류

bermacam-macam 다양한, 여러종류의

문법설명

1 관계사 yang

관계사 yang을 매개로 yang 뒤의 절이 yang 앞의 선행사를 한정한다. 선행사가 없는 경우 관계사 yang이 선행사를 포함하는 것으로 이해한다.

1. 관계사 yang을 사용하여 두 문장을 한 문장으로 연결한다.

Pak Maman mengajar sastra dan budaya Indonesia.
　마만 교수는 인도네시아 문학과 문화를 강의합니다.

Pak Maman berasal dari Cirebon.
　마만 교수는 찌레본 출신입니다.

☞ Pak Maman yang berasal dari Cirebon mengajar sastra dan budaya Indonesia.
　찌레본 출신인 마만 교수는 인도네시아 문학과 문화를 강의합니다.

Agga membaca novel Bumi Manusia
　아가는 <인간의 대지>라는 소설을 읽었습니다.

Agga adalah teman karib saya.
　아가는 나의 친한 친구입니다.

☞ Agga yang membaca novel Bumi Manusia adalah teman karib saya.
　<인간의 대지>를 읽은 아가는 나의 친한 친구입니다.

2. 관계사 yang이 선행사를 포함할 경우 <~한 사람>, <~한 것>으로 옮긴다.

Yang paling necis dalam kelas ini adalah Nanda.
　이 학급에서 가장 세련된 사람은 난다이다.

Yang melempar muka itu Pak Hassan.
　고개를 돌린 사람은 하산씨이다.

Dia suka membeli yang murah.
　그는 싼 물건 사기를 좋아한다.

Nona manis itu siapa yang punya?

예쁜 저 아가씨는 누구 님일까?

2 부정부사 bukan, tidak, belum

1. 부정부사 bukan은 명사를 부정하고, tidak은 형용사와 동사를 부정한다.

Saya bukan orang Jepang.

나는 일본 사람이 아닙니다.

Adik laki-laki saya bukan pengacara.

내 동생은 변호사가 아닙니다.

I Nyoman tidak merasa menyalahi kata hati.

이 뇨만은 양심의 가책을 받지 않았습니다.

Seharusnya guru tidak boleh memilih kasih antara anak-anak murid.

선생님은 학생들을 편애해서는 안 된다.

2. tidak과 belum의 뉘앙스 차이

Saya tidak makan siang.

나는 점심을 안 먹습니다.

Saya belum makan siang.

나는 아직 점심을 안 먹었습니다.

Nenden tidak menikah.

넨덴은 결혼을 하지 않습니다.

Nenden belum menikah.

넨덴은 아직 결혼하지 않았습니다.

문형연습

1. Kapan kita berangkat ke Taman Mini?
   우리 언제 따만미니로 출발합니까?

   Kita berangkat sekarang saja ke Taman Mini.
   우리 지금 따만미니로 출발합시다.

2. Untuk apa kita berangkat sekarang juga?
   왜 지금 출발합니까?

   Kalau kita berangkat sekarang, perjalanan ke Taman Mini belum macet.
   우리가 지금 출발하면 따만미니로 가는 길이 아직 안 막힙니다.

3. Itu lebih baik.
   그게 더 좋습니다.

   O, begitu!
   아, 그렇습니까!

4. Siapa lagi yang akan ikut?
   함께 갈 사람이 또 누구입니까?

   Tidak ada yang lain.
   다른 사람은 없습니다.

5. Jadi, hanya kalian berdua saja?
   그럼 당신들 둘 뿐입니까?

   Ya, betul.
   맞습니다.

6. Di Taman Safari itu ada apa?

따만 사파리에는 무엇이 있습니까?

Ada bermacam-macam binatang di sana.

그곳에는 다양한 동물들이 있습니다.

7. Jadi kamu belum tahu Taman Safari itu apa?

그럼 당신은 아직 따만 사파리가 무엇인지 모르는군요?

Ya, saya belum tahu.

예, 나는 아직 모릅니다.

8. Apa itu Taman Safari?

따만 사파리가 무엇입니까?

Taman Safari itu semacam kebun binatang.

따만 사파리는 일종의 동물원입니다.

9. Di sana ada juga binatang buas.

그곳에는 맹수들도 있습니다.

Kita perlu berhati-hati di sana.

우리는 거기에서 조심할 필요가 있습니다.

10. Nanti pokoknya Anda lihat berbagai macam binatang.

이따가 중요한 것은 당신이 여러 종류의 동물을 보는 것입니다.

Ya, terima kasih.

예, 감사합니다.

반복학습

I. Fian, kita berangkat sekarang saja ke Taman Safari.

피안, 우리 지금 따만 사파리로 출발해요.

1. (Agga)

Agga, kita berangkat sekarang saja ke Taman Safari.

아가, 우리 지금 따만 사파리로 출발해요.

2. (kalian)

Agga, kalian berangkat sekarang saja ke Taman Safari.

아가, 당신들 지금 따만 사파리로 출발해요.

3. (secepat mungkin)

Agga, kalian berangkat secepat mungkin saja ke Taman Safari.

아가, 당신들 가능하면 빨리 따만 사파리로 출발해요.

4. (Taman Mini)

Agga, kalian berangkat secepat mungkin saja ke Taman Mini.

아가, 당신들 가능하면 빨리 따만 미니로 출발해요.

II. Kalau kita berangkat sekarang, perjalanan ke Taman Safari belum macet.

우리가 지금 출발하면 따만 사파리로 가는 길이 아직 막히지 않을 거예요.

1. (kalian)

Kalau kalian berangkat sekarang, perjalanan ke Taman Safari belum macet.

당신들이 지금 출발하면 따만 사파리로 가는 길이 아직 막히지 않을 거예요.

2. (pagi-pagi)

Kalau kalian berangkat pagi-pagi, perjalanan ke Taman Safari belum macet.

당신들이 이른 아침에 출발하면 따만 사파리로 가는 길이 아직 막히지 않을 거예요.

3. (Kebun Raya Bogor)

Kalau kalian berangkat pagi-pagi, perjalanan ke Kebun Raya Bogor belum macet.

당신들이 이른 아침에 출발하면 보고르 식물원에 가는 길이 아직 막히지 않을 거예요.

4. (pasti lancar)

Kalau kalian berangkat pagi-pagi, perjalanan ke Kebun Raya Bogor pasti lancar.

당신들이 이른 아침에 출발하면 보고르 식물원에 가는 길이 틀림없이 원활할 거예요.

III. Kita ke sana santai saja. Tidak perlu terburu-buru.

우리 천천히 가요. 서두를 것 없어요.

1. (saudara sekalian)

Saudara sekalian ke sana santai saja. Tidak perlu terburu-buru.

여러분들 그곳에 천천히 가요. 서두를 것 없어요.

2. (Taman Mini)

Saudara sekalian ke Taman Mini santai saja. Tidak perlu terburu-buru.

여러분들 따만 미니에 천천히 가요. 서두를 것 없어요.

3. (tidak usah)

Saudara sekalian ke Taman Mini santai saja. Tidak usah terburu-buru.

여러분들 따만 미니에 천천히 가요. 서두를 것 없어요.

4. (tergesa-gesa)

Saudara sekalian ke Taman Mini santai saja. Tidak usah tergesa-gesa.

여러분들 따만 미니에 천천히 가요. 서두를 것 없어요.

IV. Jadi, saya sudah sering dengar nama taman itu.

그래서 나는 그 공원에 대해서는 자주 들었어요.

1. (maka)

Maka, saya sudah sering dengar nama taman itu.

그래서 나는 그 공원에 대해서는 자주 들었어요.

2. (dia)

Maka, dia sudah sering dengar nama taman itu.

그래서 그는 그 공원에 대해서는 자주 들었어요.

3. (selalu)

Maka, dia sudah selalu dengar nama taman itu.

그래서 그는 그 공원에 대해서는 항상 들었어요.

4. (kebun)

Maka, dia sudah selalu dengar nama kebun itu.

그래서 그는 그 농장에 대해서는 항상 들었어요.

V. Nanti pokoknya Anda lihat berbagai macam binatang.

이따가 당신이 여러 종류의 동물들을 보는 것이 중요해요.

1. (sebentar lagi)

Sebentar lagi pokoknya Anda lihat berbagai macam binatang.

잠시 후에 당신이 여러 종류의 동물들을 보는 것이 중요해요.

2. (saudara sekalian)

Sebentar lagi pokoknya saudara sekalian lihat berbagai macam binatang.

잠시 후에 여러분들이 여러 종류의 동물들을 보는 것이 중요해요.

3. (jenis)

Sebentar lagi pokoknya saudara sekalian lihat berbagai jenis binatang.

잠시 후에 여러분들이 여러 종류의 동물들을 보는 것이 중요해요.

4. (tanaman)

Sebentar lagi pokoknya saudara sekalian lihat berbagai jenis tanaman.

잠시 후에 여러분들이 여러 종류의 식물들을 보는 것이 중요해요.

확인학습

I. 다음 단어를 배열하여 주어진 의미가 되도록 문장을 완성하시오.

1. 우리 지금 따만사파리로 출발합시다.
   (ke Taman Safari, kita, berangkat, sekarang saja)

2. 우리가 지금 출발하면 따만미니로 가는 길이 아직 안 막힙니다.
   (kalau kita, perjalanan ke Taman Mini, berangkat sekarnag, belum macet)

3. 함께 갈 사람이 또 누구입니까?
   (yang, siapa lagi, akan ikut)

4. 더 이상 없습니다.
   (lagi, ada, tidak)

5. 그럼 우리 둘 뿐입니까?
   (jadi, kita berdua, saja, hanya)

6. 우리 그곳에 천천히 갑시다.
   (santai saja, ke sana, kita)

7. 질문해도 됩니까?

(saya, boleh, bertanya)

8. 나는 따만미니에 대하여 이미 많이 들었습니다.

(sudah, saya, sering dengar, nama Taman Mini itu)

9. 따만 사파리는 일종의 동물원입니다.

(kebun binatang, semacam, Taman Safari itu)

10. 그곳에는 맹수들과 다른 동물들이 있습니다.

(ada, binatang buas, di sana, dan, binatang-binatang lainnya)

제15과 따만 사파리에서
DI TAMAN SAFARI

15

본문

Dong Hoon : Nah, Yoon Ji, kita sampai di Taman Safari.
자, 윤지, 우리 따만 사파리에 도착했어요.

Yoon Ji : Oh, jadi, ini yang namanya Taman Safari?
아, 그러니까 여기가 따만 사파리라는 곳입니까?

Dong Hoon : Tetapi sebelum kita masuk harus membeli tiket dulu.
그런데 입장하기 전에 입장권을 먼저 구입해야 돼요.

Amelia : Berapa harga tiketnya?
입장권이 얼마지요?

Dong Hoon : Satu orang Rp50.000,00. Jadi, kita berdua Rp100.000,00. Ditambah tiket kendaraan Rp50.000,00. Jadi, semuanya Rp150.000,00.
일인당 오만 루피아입니다. 우리 둘이니까 십만 루피아이지요. 여기에다 차량 한 대에 오만 루피아이니 모두 십오만 루피아네요.

Yoon Ji : Oh, cukup mahal, harga tiketnya.
입장권이 꽤 비싸네요.

Dong Hoon : Iya, betul. Tapi itu untuk biaya makan dan perawatan binatang-binatang seperti itu.
그래, 맞아요. 하지만 그것은 동물들의 먹이와 관리를 위한 비용입니다.

Yoon Ji : Oh begitu.
아, 그래요.

Dong Hoon : Hati-hati. Kaca mobil semuanya ditutup.
조심해요. 자동차 유리를 모두 닫아야 해요.

Yoon Ji : Mengapa harus ditutup?
왜 닫아야 하지요?

Dong Hoon : Agar kita aman. Soalnya binatang-binatang buas, seperti harimau dan singa, suka naik ke atap mobil.
우리의 안전을 위해서입니다. 여기는 호랑이나 사자와 같은 맹수들이 있는데, 자동차 위로 올라오기도 하거든요.

Dong Hoon : Oh, begitu. Baiklah. Kita lihat saja nanti.

아, 그렇군요. 좋아요. 좀 이따가 보기로 해요.

어휘공부

sampai 도착하다, ~까지

Sampai jumpa lagi! 또 만나요!

masuk 들어가다, 입장하다

masuk akal 말이 되는, 논리적인

membeli 사다, 구매하다

daya beli 구매력

semua 모두, 모든

cukup 충분한, 꽤

cukup umur 이미 성인이 된, 다 큰

biaya 비용

biaya hidup 생활비

biaya produksi 생산비

biaya tenaga 인건비

perawatan 보살핌, 시중, 돌봄

hati-hati 조심하다

kaca 유리

kaca mata 안경

buas 사나운

harimau 호랑이

singa 사자

문법설명

1 기수와 서수

1. 기수 1에서 10까지 암기해야 한다. 11에서 19까지는 belas를 붙이고 100 단위는 ratus, 1000 단위는 ribu, 100만 단위는 juta, 10억 단위는 milyar, 조 단위는 trilyun 이므로 이를 숙지한 후 여기에 10배수, 100배수를 하여 차상급 단위로 올라간다.

Jumlah penduduk Indonesia adalah 260 juta orang.
인도네시아의 인구는 2억 6천만명이다.

Dia mengakui bahwa dananya tinggal Rp 50 juta saat ini.
그는 현재 기금이 5천만 루피아 밖에 남지 않은 것을 시인했다.

Untuk sumbangan Rp 10 juta ke atas, tim Hidayat-Didik meneliti penyumbang dengan saksama agar tidak ada masalah di kemudian hari.
천만 루피아 이상의 기부금에 대하여 히다얏-디딕 팀은 추후 문제가 발생하지 않도록 기부자를 세밀하게 살폈다.

Dari jumlah Anggaran Pendapatan dan Belanja Negara sebesar Rp 1.657,9 triliun, tercatat Kemhan mendapatkan alokasi sebesar Rp 77,7 triliun.
1657조 9천억 루피아의 전체 예산에서 국방부가 77조 7천억 루피아의 예산을 할당받았다.

2. 서수는 기수에 yang ke-를 붙이며 첫번째는 yang pertama로 표시한다.

Fian merupakan anak yang ketiga dalam keluarga itu.
피안은 그 가정에서 셋째 아이이다.

Dia menilai bahwa masih terlalu dini jika Komisi Pemberantasan Korupsi dimasukkan ke dalam rencana amendemen kelima UUD 1945.
그는 부패척결위원회가 1945년 헌법의 제5차 개정 계획에 포함되는 것은 아직 이르다고 평가했다.

3. 기수에 ber-, ke-가 붙는 경우는 기수가 표시하는 수 모두를 의미한다. 이때 인칭대명사의 경우 그 뒤에 ber-가 붙는 기수가 이어지고, 명사의 경우는 그 앞에 ke-가 붙는 기수가 온다.

Hanya tinggal kita berdua saja di kamar ini.
이 방에 우리 둘만 남았다.

Mereka bertiga pergi menonton film ke bioskop.
그들 셋 모두는 극장으로 영화보러 갔다.

Pak Ibnu mengundang kedua tetangga itu.
입누 씨는 그 두 이웃을 초대했다.

Dia membelikan kedua anaknya komputer baru.
그는 두 아들에게 새 컴퓨터를 사주었다.

문형연습

1. Kita sampai di mana?
   우리는 어디에 도착했습니까?

   Kita sudah sampai di Taman Mini.
   우리는 따만 미니에 도착했습니다.

2. Jadi, ini yang namanya Taman Safari?
   그러니까 여기가 따만 사파리라는 곳입니까?

   Ya, betul.
   예, 맞습니다.

3. Sebelum masuk, kami harus melakukan apa?
   입장하기 전에 우리는 무엇을 해야 합니까?

   Sebelum masuk, kalian harus membeli tiket dulu.
   입장하기 전에 여러분들은 티켓을 먼저 구입해야 합니다.

4. Berapa harga tiketnya?
   티켓이 얼마입니까?

   Satu orang Rp 50.000
   일인당 오만 루피아입니다.

6. Kalau dua orang berapa?
   두 명이면 얼마입니까?

   Kita berdua Rp100.000
   우리 둘은 십만 루피아입니다.

7. Cukup mahal harga tiketnya.
입장권이 꽤 비쌉니다.

Ya, harga tiketnya sudah naik.
예, 티켓 값이 올랐습니다.

8. Kaca mobil semuanya ditutup.
자동차 유리창을 모두 닫아야 합니다.

Ya, terima kasih.
예, 감사합니다.

9. Mengapa harus berbuat demikian?
왜 그래야 합니까?

Supaya kita tidak diserang harimau.
호랑이의 공격을 피하기 위해서입니다.

10. Apa soalnya?
무엇이 문제입니까?

Soalnya binatang-binatang buas suka naik ke atap mobil.
문제는 맹수들이 자동차 위로 올라온다는 것입니다.

반복학습

I. Yoon Ji, kita sudah sampai di Taman Safari.

윤지, 우리 따만 사파리에 벌써 도착했어요.

1. (Fian)

Fian, kita sudah sampai di Taman Safari.

피안, 우리 따만 사파리에 벌써 도착했어요.

2. (kalian)

Fian, kalian sudah sampai di Taman Safari.

피안, 당신들 따만 사파리에 벌써 도착했어요.

3. (baru saja)

Fian, kalian baru saja sampai di Taman Safari.

피안, 당신들 따만 사파리에 이제 막 도착했어요.

4. (Kebun Raya Bogor)

Fian, kalian baru saja sampai di Kebun Raya Bogor.

피안, 당신들 보고르 식물원에 이제 막 도착했어요.

II. Tetapi sebelum kita masuk harus membeli tiket dulu di loket.

그런데 우리는 입장하기 전에 창구에서 입장권을 먼저 구입해야 돼요.

1. (bagaimana pun)

Bagaimana pun sebelum kita masuk harus membeli tiket dulu di loket.

어찌됐건 우리는 입장하기 전에 창구에서 입장권을 먼저 구입해야 돼요.

2. (kalian)

Bagaimana pun sebelum kalian masuk harus membeli tiket dulu di loket.

어찌됐건 당신들은 입장하기 전에 창구에서 입장권을 먼저 구입해야 돼요.

3. (karcis)

Bagaimana pun sebelum kalian masuk harus membeli karcis dulu di loket.

어찌됐건 당신들은 입장하기 전에 창구에서 입장권을 먼저 구입해야 돼요.

4. (di sana)

Bagaimana pun sebelum kalian masuk harus membeli karcis dulu di sana.

어찌됐건 당신들은 입장하기 전에 그곳에서 입장권을 먼저 구입해야 돼요.

III. Tapi itu untuk biaya perawatan binatang-binatang di situ.

하지만 그것은 그곳 동물들의 관리를 위한 비용입니다.

1. (dana ini)

Tapi dana ini untuk biaya perawatan binatang-binatang di situ.

하지만 이 기금은 그곳 동물들의 관리를 위한 비용입니다.

2. (pemeliharaan)

Tapi dana ini untuk biaya pemeliharaan binatang-binatang di situ.

하지만 이 기금은 그곳 동물들의 관리를 위한 비용입니다.

3. (tanaman)

Tapi dana ini untuk biaya pemeliharaan tanaman di situ.

하지만 이 기금은 그곳 식물들의 관리를 위한 비용입니다.

4. (di kebun itu)

Tapi dana ini untuk biaya pemeliharaan tanaman di kebun itu.

하지만 이 기금은 그 농장 식물들의 관리를 위한 비용입니다.

IV. Hati-hati, Nanda. Kaca mobil semuanya ditutup segera.

조심해요, 난다. 자동차 유리를 모두 즉시 닫아야 해요.

1. (Agga)

Hati-hati, Agga. Kaca mobil semuanya ditutup segera.

조심해유, 아가. 자동차 유리를 모두 즉시 닫아야 해요.

2. (gedung)

Hati-hati, Agga. Kaca gedung semuanya ditutup segera.

조심해요, 아가. 건물 유리를 모두 즉시 닫아야 해요.

3. (dibuka)

Hati-hati, Agga. Kaca gedung semuanya dibuka segera.

조심해요, 아가. 건물 유리를 모두 즉시 열어야 해요.

4. (secepat mungkin)

Hati-hati, Agga. Kaca gedung semuanya dibuka secepat mungkin.

조심해요, 아가. 건물 유리를 모두 가능하면 빨리 열어야 해요.

V. Soalnya binatang-binatang buas seperti harimau suka naik ke atap mobil.

문제는 호랑이 같은 맹수들이 자동차 위로 올라오는 것입니다.

1. (masalahnya)

Masalahnya binatang-binatang buas seperti harimau suka naik ke atap mobil.

문제는 호랑이 같은 맹수들이 자동차 위로 올라오는 것입니다.

2. (galak)

Masalahnya binatang-binatang galak seperti harimau suka naik ke atap mobil.

문제는 호랑이 같은 맹수들이 자동차 위로 올라오는 것입니다.

3. (singa)

Masalahnya binatang-binatang galak seperti singa suka naik ke atap mobil.

문제는 사자 같은 맹수들이 자동차 위로 올라오는 것입니다.

4. (gedung)

Masalahnya binatang-binatang galak seperti singa suka naik ke atap gedung.

문제는 사자 같은 맹수들이 건물 위로 올라오는 것입니다.

확인학습

I. 다음 단어를 배열하여 주어진 의미가 되도록 문장을 완성하시오.

1. 우리는 따만 사파리에 도착했습니다.
   (sudah sampai, kita, di Taman Safari)

2. 입장하기 전에 입장권을 먼저 구입해야 합니다.
   (harus membeli, sebelum, tiket dulu, kita masuk)

3. 입장권이 얼마입니까?
   (harga tiketnya, berapa)

4. 입장권이 꽤 비쌉니다.
   (harga tiketnya, mahal, cukup)

5. 그것은 동물들의 사료와 관리를 위한 비용입니다.
   (biaya makan, itu unutk, dan, perawatan binatang-binatang)

6. 아, 그렇군요.
   (begitu, oh)

7. 자동차 유리를 모두 닫아야 합니다.

(semuanya, kaca mobil, ditutup)

8. 왜 닫아야 합니까?

(harus, mengapa, ditutup)

9. 문제는 맹수들이 자동차 위로 올라온다는 것입니다.

(soalnya, suka naik ke, binatang-binatang buas, atap mobil)

10. 좀 있다가 봅시다.

(nanti, lihat saja, kita)

제16과 국가기념관

MONUMEN NASIONAL

16

본문

Yoon Ji : Amelia, Monas itu apa?
아멜리아, 모나스가 뭐지요?

Amelia : Monas itu Monumen Nasional. Yoon Ji sudah pernah ke sana?
모나스는 국가기념관입니다. 윤지 그곳에 가 봤어요?

Yoon Ji : Belum. Jauh tidak dari Depok?
아직요. 데뽁에서 멀어요 안 멀어요?

Amelia : Tidak begitu jauh. Paling mudah kita naik kereta. Nanti, kita akan turun di stasiun Gambir. Ayo!
그렇게 안 멀어요. 가장 쉬운 길은 기차를 타는 것입니다. 이따가 우리 감비르 역에서 내려요. 자!

Yoon Ji : Ayo, kalau begitu.
그렇다면 가요.

***

Amelia : Yoon Ji, lihatlah ke puncak Monas! Itu emas seberat 100 kilogram.
윤지, 모나스의 꼭대기를 봐요! 저것은 100 킬로그램에 달하는 금덩어리입니다.

Yoon Ji : Oh begitu.
아, 그래요.

Amelia : Nah, kalau Anda lihat ke utara, di sana ada Istana Negara tempat Presiden Indonesia berkantor.
자, 북쪽을 보면, 인도네시아 대통령의 집무실이 있는 대통령궁이 있어요.

Yoon Ji : Kalau di sebelah barat ada apa?
서쪽에 있는 것은 뭐지요?

Amelia : Ada perkantoran pemerintahan. Nah, di sebelah utaranya ada Harmoni. Itu pusat pertokoan.
정부 기관 사무실이 있어요. 북쪽은 하르모니 지역인데 그곳은 상업지역입니다.

Yoon Ji : Kalau di sebelah selatan Monas ada apa?

모나스 남쪽에는 무엇이 있지요?

Amelia : Masih perkantoran pemerintahan. Nah, paling ujung sebelah timur itu kantor kedutaan Amerika, sedangkan paling ujung sebelah barat bersebelahan dengan Balai Kota. Itu kantor Telkom, akronim dari Telepon dan Komunikasi.

거기도 정부 기관의 사무실이 있어요. 동쪽 끝에는 미국대사관이 있고, 서쪽 끝은 시청과 인접한 지역입니다. 저것은 텔콤 사무실인데 그것은 전화와 통신의 약자입니다.

Yoon Ji : Oh, begitu.

아, 그래요.

어휘공부

pernah ~해본 적이 있다

　Saya pernah ke Bali.

　나는 발리에 가본 적이 있습니다.

jauh 먼, 훨씬

　kawasan Timur jauh 극동지역

kereta 기차

　kereta api 기차

puncak 정상, 봉우리

　puncak gunung 산의 정상

emas 금

berat 무게, 무거운

　berat badan 몸무게

utara 북쪽

istana 왕궁

　istana presiden 대통령궁

ujung 끝

kedutaan besar (kedubes) 대사관

balai 홀

　balai kota 시청

문법설명

1 비교급과 최상급

1. 형용사의 동급은 sama ~ dengan으로 나타낸다. sama ~ dengan을 se~형식으로 나타낼 수 있으며 이 때 dengan은 생략하는 것이 일반적이다.

Nanda sama cantik dengan Agga.
난다와 아가는 똑같이 아름답다.

Agus sama tinggi dengan Nyoman.
아구스는 뇨만과 키가 같다.

Sunu segemuk Maman.
수누는 마만만큼 뚱뚱하다.

Hasan tidak sepintar kakaknya.
하산은 그의 형만큼 똑똑하지 못하다.

2. 우등비교는 lebih ~ daripada, 열등비교는 kurang ~ daripada로 나타낸다.

Paman saya lebih kaya daripada Pak Ibnu.
나의 아저씨는 입누씨보다 더 부유하다.

Anak perempuan saya lebih lucu daripada anaknya.
우리 딸이 그의 아이보다 더 귀엽다.

Kayu ini kurang kuat daripada besi.
이 목재는 철보다 덜 강하다.

Heri kurang rajin daripada adiknya.
헤리는 그의 동생보다 덜 부지런하다.

3. 최상급은 paling을 쓰거나 형용사 앞에 접두사 ter-를 붙여서 나타낸다. 형용사를 중복하고 접두사 se-와 접미사 -nya를 붙이기도 한다.

Dari anak-anaknya Firdaus dialah yang paling pintar.
피르다우스의 아이중에 그가 가장 영리하다.

Nanda paling cantik di dalam kelasnya.
난다가 그의 반에서 가장 아름답다.

Danau yang terbesar di Indonesia adalah danau Toba.
인도네시아에서 가장 큰 호수는 또바호이다.

Inilah barang yang termurah di pasar ini.
이것이 이 시장에서 가장 싼 물건이다.

Pulau Bali seindah-indahnya di kawasan Nusantara.
발리섬이 누산따라 지역에서 가장 아름다운 섬이다.

Dia bekerja sekeras kerasnya supaya menjaga mukanya.
그는 위신을 지키기 위하여 최선을 다해 일했다.

문형연습

1. Dian sudah pernah ke Amerika?
   디안은 미국에 가보았습니까?

   Belum. Saya belum pernah ke Amerika.
   아직요. 아직 미국에 가보지 못했습니다.

2. Jauh tidak dari Pasar Minggu?
   빠사르 밍구에서 멉니까 안 멉니까?

   Tidak begitu jauh.
   그렇게 멀지 않습니다.

3. Berapa lama sampai ke Museum Nasional?
   국립박물관까지 얼마나 갈립니까?

   Lebih kurang satu jam.
   한 시간 정도 걸립니다.

4. Kita naik apa saja ke sana?
   우리는 무엇을 타고 그곳에 갑니까?

   Paling mudah kita naik taksi.
   가장 쉬운 것은 우리가 택시를 타는 것입니다.

5. Kita akan turun di mana?
   우리는 어디에서 내립니까?

   Kita akan turun di stasiun Gambir.
   우리는 감비르역에서 내릴 것입니다.

6. Apa itu?
저것은 무엇입니까?

Itu emas seberat 100 kilogram.
저것은 100 킬로그램에 달하는 금입니다.

7. Ada apa di sana?
그곳에는 무엇이 있습니까?

Di sana ada gedung DPR.
그곳에 의회 건물이 있습니다.

8. Kalau di sebelah barat ada apa?
서쪽에는 무엇이 있습니까?

Ada istana presiden di sebelah barat.
서쪽에는 대통령궁이 있습니다.

9. Ada apa saja di sebelah selatan?
남쪽에는 무엇이 있습니까?

Paling ujung sebelah selatan itu kantor kedutaan Korea Selatan.
남쪽의 가장 끝에는 한국대사관이 있습니다.

10. Apa bermaksud Telkom?
텔콤이 무엇입니까?

Telkom adalah akronim dari Telepon dan Komunikasi.
텔콤은 전화와 통신의 약어입니다.

반복학습

I. Dia sudah pernah ke Jakarta dua tahun lalu bersama temannya.

그는 친구와 함께 2년 전에 자카르타에 가보았습니다.

1. (saya)

Saya sudah pernah ke Jakarta dua tahun lalu bersama temannya.

나는 친구와 함께 2년 전에 자카르타에 가보았습니다.

2. (Bali)

Saya sudah pernah ke Bali dua tahun lalu bersama temannya.

나는 친구와 함께 2년 전에 발리에 가보았습니다.

3. (tiga tahun lalu)

Saya sudah pernah ke Bali tiga tahun lalu bersama temannya.

나는 친구와 함께 3년 전에 발리에 가보았습니다.

4. (bersama istrinya)

Saya sudah pernah ke Bali tiga tahun lalu bersama istrinya.

나는 아내와 함께 3년 전에 발리에 가보았습니다.

II. Paling mudah kita naik kereta. Nanti, turun di stasiun Gambir.

가장 쉬운 것은 우리가 기차를 타는 것이고 이따가 감비르 역에서 내리는 것입니다.

1. (kalian)

Paling mudah kalian naik kereta. Nanti, turun di stasiun Gambir.

가장 쉬운 것은 당신들이 기차를 타는 것이고 이따가 감비르 역에서 내리는 것입니다.

2. (naik bus)

Paling mudah kalian naik bus. Nanti, turun di stasiun Gambir.

가장 쉬운 것은 당신들이 버스를 타는 것이고 이따가 감비르 역에서 내리는 것입니다.

3. (kemudian)

Paling mudah kalian naik bus. Kemudian, turun di stasiun Gambir.

가장 쉬운 것은 당신들이 버스를 타는 것이고 그 다음에 감비르 역에서 내리는 것입니다.

4. (perhentian bus Pasar Minggu)

Paling mudah kalian naik bus. Kemudian, turun di perhentian bus Pasar Minggu.

가장 쉬운 것은 당신들이 버스를 타는 것이고 그 다음에 빠사르 밍구 버스정류장에서 내리는 것입니다.

III. Agga, lihatlah ke puncak Monas! Itu emas seberat 100 kilogram.

아가, 모나스의 꼭대기를 봐요! 저것은 100 킬로그램에 달하는 금덩어리입니다.

1. (Nanda)

   Nanda, lihatlah ke puncak Monas! Itu emas seberat 100 kilogram.

   난다, 모나스의 꼭대기를 봐요! 저것은 100 킬로그램에 달하는 금덩어리입니다.

2. (menara)

   Nanda, lihatlah ke puncak menara! Itu emas seberat 100 kilogram.

   난다, 탑의 꼭대기를 봐요! 저것은 100 킬로그램에 달하는 금덩어리입니다.

3. (perak)

   Nanda, lihatlah ke puncak menara! Itu perak seberat 100 kilogram.

   난다, 탑의 꼭대기를 봐요! 저것은 100 킬로그램에 달하는 은덩어리입니다.

4. (50 kilogram)

   Nanda, lihatlah ke puncak menara! Itu perak seberat 50 kilogram.

   난다, 탑의 꼭대기를 봐요! 저것은 50 킬로그램에 달하는 은덩어리입니다.

IV. Kalau Anda lihat ke utara, di sana ada pusat kantor tempat presiden direktur bekerja setiap hari.

당신이 북쪽을 보면, 그 곳에는 대표이사가 매일 근무하는 본사가 있어요.

1. (Anda sekalian)

Kalau Anda sekalian lihat ke utara, di sana ada pusat kantor tempat presiden direktur bekerja setiap hari.

당신들이 북쪽을 보면, 그 곳에는 대표이사가 매일 근무하는 본사가 있어요.

2. (selatan)

Kalau Anda sekalian lihat ke selatan, di sana ada pusat kantor tempat presiden direktur bekerja setiap hari.

당신들이 남쪽을 보면, 그 곳에는 대표이사가 매일 근무하는 본사가 있어요.

3. (gedung perusahaannya)

Kalau Anda sekalian lihat ke selatan, di sana ada gedung perusahaannya tempat presiden direktur bekerja setiap hari.

당신들이 남쪽을 보면, 그 곳에는 대표이사가 매일 근무하는 회사 건물이 있어요.

4. (para karyawan)

Kalau Anda sekalian lihat ke selatan, di sana ada gedung perusahaannya tempat para karyawan bekerja setiap hari.

당신들이 남쪽을 보면, 그 곳에는 직원들이 매일 근무하는 회사 건물이 있어요.

V. Anda sudah tahu paling ujung sebelah timur itu kantor kedutaan Amerika.

당신은 동쪽 끝에 있는 건물이 미국대사관이라는 것을 이미 압니다.

1. (kalian)

Kalian sudah tahu paling ujung sebelah timur itu kantor kedutaan Amerika.

당신들은 동쪽 끝에 있는 건물이 미국대사관이라는 것을 이미 압니다.

2. (lihat)

Kalian sudah lihat paling ujung sebelah timur itu kantor kedutaan Amerika.

당신들은 동쪽 끝에 있는 건물이 미국대사관이라는 것을 이미 보았습니다.

3. (selatan)

Kalian sudah lihat paling ujung sebelah selatan itu kantor kedutaan Amerika.

당신들은 남쪽 끝에 있는 건물이 미국대사관이라는 것을 이미 보았습니다.

4. (kedutaan Korea Selatan)

Kalian sudah lihat paling ujung sebelah selatan itu kantor kedutaan Korea Selatan.

당신들은 남쪽 끝에 있는 건물이 대한민국대사관이라는 것을 이미 보았습니다.

확인학습

I. 다음 단어를 배열하여 주어진 의미가 되도록 문장을 완성하시오.

1. 발리에 가보았습니까?
   (sudah pernah, Anda, ke Bali)

2. 자카르타에서 멉니까 안 멉니까?
   (dari Jakarta, jauh, tidak)

3. 그렇게 멀지 않습니다.
   (begitu, tidak, jauh)

4. 가장 쉬운 것은 기차를 타는 것입니다.
   (kita, naik kereka, paling mudah)

5. 이따가 우리는 감비르역에서 내릴 것입니다.
   (nanti, akan turun, kita, di Stasiun Gambir)

6. 저것은 100킬로그램에 달하는 금덩어리입니다.
   (emas, seberat 100 kilogram, itu)

7. 당신이 북쪽을 바라보면 그곳에 대통령궁이 있습니다.

(kalau, ke utara, di sana, Anda lihat, ada Istana Negara)

8. 모나스 남쪽에는 무엇이 있습니까?

(ada apa, selatan Monas, kalau, di sebelah)

9. 동쪽의 가장 끝에는 미국대사관이 있습니다.

(kantor kedutaan Amerika, paling ujung, sebelah timur itu)

10. 텔콤은 전화와 통신의 약어입니다.

(adalah, Telkom, akronim dari, Telepon dan Komunikasi)

제17과 감비르 역에서

DI STASIUN GAMBIR

17

본문

Yoon Ji : Amelia, hari sudah sore. Ayo kita pulang.
아멜리아, 날이 저물었어요. 자, 돌아갑시다.

Amelia : Ayo. Kita naik kereta di stasiun Gambir, ya?
그래요. 우리 감비르 역에서 기차를 타고 가요.

Yoon Ji : Di mana kita membeli tiketnya?
티켓은 어디서 사지요?

Amelia : Di loket sebelah selatan.
남쪽 편에 있는 창구에서 사면 돼요.

Yoon Ji : Memangnya di loket sebelah utara juga ada penjualan tiket, ya?
북쪽 편의 창구에서도 티켓을 팔아요?

Amelia : Iya, loket sebelah utara itu untuk tujuan ke luar kota.
그래요, 그곳에서는 시외로 나가는 기차표를 팔지요.

Yoon Ji : Ke kota mana saja?
어느 도시로 가는 거지요?

Amelia : Yang paling jauh, Surabaya. Tapi ada juga yang ke Solo, Yogyakarta, Semarang, dan Cirebon.
가장 멀리는 수라바야입니다. 그리고 솔로, 요갸까르따, 스마랑, 찌레본으로 가는 것도 있어요.

Yoon Ji : Oh, lalu bagaimana dengan sebelah selatan.
아, 그럼 남쪽 편의 창구에서는 어떤 기차표를 팔아요?

Amelia : Sebelah selatan untuk tujuan ke Jabodetabek.
자보드따벡 행 기차표를 팔지요.

Yoon Ji : Apa itu Jabodetabek?
자보드따벡이 뭐지요?

Amelia : Jabodetabek adalah akronim untuk Jakarta, Bogor, Depok, Tangerang, dan Bekasi.
자보드따벡은 자카르타, 보고르, 데뻑, 땅어랑, 그리고 버까시의 축약어입니다.

Yoon Ji : Oh.
오.

***

Amelia : Yoon Ji, lihat. Itu tempat penjualan tiket.
윤지, 저것 봐요. 저기가 기차표를 파는 곳입니다.

Yoon Ji : Oh, iya. Lihat! Orang-orang sudah mengantre rupanya.
아, 그래요. 저기 봐요! 사람들이 벌써 줄을 섰네요.

Amelia : Iya, kalau sore banyak orang yang pulang kantor. Mereka tinggal di Depok, Bekasi, dan Tangerang.
그래요, 오후에는 많은 사람들이 퇴근하지요. 그들은 데뻑, 버까시, 그리고 땅어랑에서 사는 사람들입니다.

Yoon Ji : Oh. Jadi, di Jakarta mereka hanya bekerja?
오. 그럼 저 사람들은 자카르타에서는 일만 하는 것이네요.

Amelia : Iya, betul. Yoon Ji, Anda tunggu di sini. Saya beli tiket ke situ.
그래요, 맞아요. 윤지, 당신은 여기서 기다려요. 내가 저기 가서 기차표 사올게요.

Yoon Ji : Oke.
오케이.

어휘공부

loket 창구

tujuan 목표, 목적, 목적지

  tujuan politik 정치적 목적

akronim 축약어

mengantre 줄서다

penjualan 판매, 판매처

pulang kantor, pulang kerja 퇴근하다

  cf. masuk kerja 출근하다

rupanya ~처럼 보이다

tunggu 기다리다

  Tunggu sebentar! 잠깐만요!

문법설명

1 교감사적 불변화사

교감사란 구어체에서 특정 정보나 내용을 전달하거나 인식하려는 것이 아니고 단지 화자의 의도를 구체화하거나 강조하기 위하여 사용하는 단어를 말한다. 교감사는 파생어의 어근 구실을 하지 못하기 때문에 교감사적 불변화사로 칭한다.

1. deh

화자의 의도를 은근히 종용할 때 사용한다.

Biar saja deh, tidak usah khawatir.
　내버려 두어요. 염려할 것 없어요.

Ambil buku itu saja deh.
　그 책을 가져가세요.

2. dong

문장의 의도를 부드럽게 하는 뉘앙스가 있으며, 주로 상대방과 의견이 일치하지 않는 경우에 사용한다.

Kalau bukan Anda, siapa dong yang harus menjaga dia?
　당신이 아니면 누가 그를 지켜야 합니까?

Jangan bercanda dong.
　농담하지 마라.

3. kok

화자의 의도를 강조하거나 이유를 물을 때 사용한다.

Kok dia belum datang?

그가 왜 아직 안 오지?

Bukan saya kok yang ambil barang itu.

그 물건을 가져간 것이 내가 아닌데.

4. sih

주로 의문문에서 불확실성이나 망설임을 강조할 때나 사실을 표시할 때 사용한다. '도대체'(gerangan)나 '사실은'(sebenarnya)의 의미로 옮길 수 있다.

Siapa sih yang belum masuk kerja?

아직 출근하지 않은 사람이 누구입니까?

Bagus sih bagus, tetapi harganya mahal.

멋지기는 한데 가격이 비쌉니다.

5. toh

문장의 의도를 강조하며 문맥에 따라 '하지만'(namun)의 의미를 나타낸다.

Biarpun keadaannya demikian, dia toh harus berangkat.

상황이 그렇지만 그는 출발해야 했다.

Walaupun tidak bertugas, gajinya toh dibayar juga.

근무를 하지는 않았지만 그의 봉급은 지급되었다.

문형연습

1. Hari sudah malam.
   벌써 밤이 되었어요.

   Ayo, kita pulang saja.
   자, 우리 돌아갑시다.

2. Kita naik kereta di stasiun mana?
   우리 어느 역에서 기차를 탑니까?

   Kita naik kereta di stasiun Bandung saja.
   우리 반둥역에서 기차를 탑시다.

3. Di mana kita membeli kebaya?
   끄바야는 어디에서 삽니까?

   Di toko Batik Keris saja.
   바띡 끄리스에서 삽시다.

4. Di mana kita membeli tiketnya?
   티켓은 어디서 사지요?

   Di loket sebelah selatan.
   남쪽 편에 있는 창구에서 사면 돼요.

5. Memangnya di loket sebelah utara juga ada penjualan tiket?
   북쪽 편의 창구에서도 티켓을 팝니까?

   Loket sebelah utara itu untuk tujuan ke luar kota.
   북쪽 창구에서는 시외로 나가는 기차표를 팝니다.

6. Yang paling jauh Papua.
가장 먼 곳은 파푸아입니다.

Benar. Papua itu paling jauh.
맞아요. 파푸아가 가장 멉니다.

7. Itu tempat penjualan durian.
저곳이 두리안을 파는 장소입니다.

Orang-orang sudah mengantre rupanya.
사람들이 이미 줄을 서있는 것 같습니다.

8. Kalau sore banyak orang yang pulang kantor.
오후에는 많은 사람들이 퇴근합니다.

Iya. Maka, busnya penuh dengan penumpang.
예, 그래서 버스가 승객들로 만원입니다.

9. Mereka tinggal di mana?
그들은 어디에 삽니까?

Mereka tinggal di Pondok Indah.
그들은 뽄독 인다에 삽니다.

10. Saya beli tiket ke situ.
내가 저기 가서 표를 사올게요.

Ya, terima kasih.
예, 감사합니다.

반복학습

I. Amelia, hari sudah sore. Ayo kita pulang sekarang.

아멜리아, 날이 저물었어요. 자, 우리 지금 돌아갑시다.

1. (Nanda)

Nanda, hari sudah sore. Ayo kita pulang sekarang.

난다, 날이 벌써 저물었어요. 자, 우리 지금 돌아갑시다.

2. (sudah malam)

Nanda, hari sudah malam. Ayo kita pulang sekarang.

난다, 벌써 밤이 됐어요. 자, 우리 지금 돌아갑시다.

3. (kalian)

Nanda, hari sudah malam. Ayo kalian pulang sekarang.

난다, 벌써 밤이 됐어요. 자, 여러분들 지금 돌아갑시다.

4. (segera)

Nanda, hari sudah malam. Ayo kalian pulang segera.

난다, 벌써 밤이 됐어요. 자, 여러분들 속히 돌아갑시다.

II. Kita naik kereta di stasiun Gambir besok.

우리 내일 감비르 역에서 기차를 타고 가요.

1. (Anda)

Anda naik kereta di stasiun Gambir besok.

당신 내일 감비르 역에서 기차를 타고 가요.

2. (kereta api Bima)

Anda naik kereta api Bima di stasiun Gambir besok.

당신 내일 감비르 역에서 비마호 기차를 타고 가요.

3. (stasiun Bandung)

Anda naik kereta api Bima di stasiun Bandung besok.

당신 내일 반둥 역에서 비마호 기차를 타고 가요.

4. (nanti malam)

Anda naik kereta api Bima di stasiun Bandung nanti malam.

당신 오늘 저녁 반둥 역에서 비마호 기차를 타고 가요.

III. Kalau sore banyak orang yang pulang kantor. Mereka tinggal di Depok.

오후에는 많은 사람들이 퇴근하지요. 그들은 데뽁에 삽니다.

1. (jika)

Jika sore banyak orang yang pulang kantor. Mereka tinggal di Depok.

오후에는 많은 사람들이 퇴근하지요. 그들은 데뽁에 삽니다.

2. (menjelang malam)

Jika menjelang malam banyak orang yang pulang kantor. Mereka tinggal di Depok.

저녁때에는 많은 사람들이 퇴근하지요. 그들은 데뽁에 삽니다.

3. (kebanyakan)

Jika menjelang malam kebanyakan yang pulang kantor. Mereka tinggal di Depok.

저녁때에는 대부분의 사람들이 퇴근하지요. 그들은 데뽁에 삽니다.

4. (Tangerang)

Jika menjelang malam kebanyakan yang pulang kantor.
Mereka tinggal di Tangerang.
저녁때에는 대부분의 사람들이 퇴근하지요. 그들은 땅어랑에 삽니다.

IV. Jadi, di Jakarta mereka hanya bekerja saja.

그럼 저 사람들은 자카르타에서는 일만 하는 것이네요.

1. (maka)

Maka, di Jakarta mereka hanya bekerja saja.
그럼 저 사람들은 자카르타에서는 일만 하는 것이네요.

2. (Bandung)

Maka di Bandung mereka hanya bekerja saja.
그럼 저 사람들은 반둥에서는 일만 하는 것이네요.

3. (kalian)

Maka di Bandung kalian hanya bekerja saja.
그럼 당신들은 반둥에서는 일만 하는 것이네요.

4. (bermain)

Maka di Bandung kalian hanya bermain saja.
그럼 당신들은 반둥에서는 놀기만 하는 것이네요.

V. Anda tunggu saja di sini sebentar. Saya beli tiket ke situ.

당신은 여기에서 잠시 기다려요. 내가 저기 가서 기차표를 사올게요.

1. (Fian)

Fian tunggu saja di sini sebentar. Saya beli tiket ke situ.

피안은 여기에서 잠시 기다려요. 내가 저기 가서 기차표를 사올게요.

2. (duduk)

Fian duduk saja di sini sebentar. Saya beli tiket ke situ.

피안은 여기에 잠시 앉아있어요. 내가 저기 가서 기차표를 사올게요.

3. (lebih kurang lima menit)

Fian duduk saja di sini lebih kurang lima menit. Saya beli tiket ke situ.

피안은 여기에 5분 정도 앉아있어요. 내가 저기 가서 기차표를 사올게요.

4. (minuman)

Fian duduk saja di sini lebih kurang lima menit. Saya beli minuman ke situ.

피안은 여기에 5분 정도 앉아있어요. 내가 저기 가서 음료수를 사올게요.

확인학습

I. 다음 단어를 배열하여 주어진 의미가 되도록 문장을 완성하시오.

1. 아멜리아, 벌써 밤이 되었어요.
   (sudah malam, Amelia, hari)

2. 우리 감비르역에서 기차를 탑시다.
   (di stasiun Gambir, naik saja, kerata, kita)

3. 티켓은 어디에서 삽니까?
   (kita, membeli tiketnya, di mana)

4. 북쪽 편의 창구에서도 티켓을 팝니다.
   (juga, ada penjualan, di loket, sebelah utara, tiket)

5. 어느 도시로 갑니까?
   (ke, saja, kota mana)

6. 가장 먼 곳은 수라바야입니다.
   (Surabaya, paling jauh, yang)

7. 그럼 남쪽 편의 창구는 어떻습니까?

(bagaimana dengan, lalu, loket sebelah selatan)

8. 저것이 차표를 파는 곳입니다.

(tempat, itu, penjualan tiket)

9. 사람들이 이미 줄을 서있는 것 같습니다.

(rupanya, sudah mengantre, orang-orang)

10. 당신은 여기서 기다리세요!

(di sini, tunggu saja, Anda)

제18과 호텔에 묵다

MENGINAP DI HOTEL

18

본문

Amelia : Dong Hoon, apakah Seung Hwan sudah mendapatkan kamar kos atau kamar apartemen?

동훈, 승환이 하숙방이나 아파트를 이미 구했나요?

Dong Hoon : Iya, sudah. Dia akan tinggal di apartemen Margonda. Tetapi, ada masalah sedikit.

예, 구했어요. 그는 마르곤다 아파트에 살거예요. 하지만 문제가 좀 있어요.

Amelia : Hah, masalah apa?
아, 무슨 문제이지요?

Dong Hoon : Seung Hwan baru lusa dapat tinggal di apartemen itu.
승환이가 모레나 그 아파트에 들어갈 수 있어요.

Amelia : Jadi, selama dua malam dia akan tinggal di mana? Bagaimana kalau kita carikan dia hotel?
그렇다면 이틀 밤을 어디에서 지내지요? 우리가 호텔을

구해주어야 겠네요.

Dong Hoon : Iya betul. Nanti kita cari.
그래요, 맞아요. 이따가 찾아봐요.

Amelia : Baik.
좋아요.

***

Dong Hoon : Amelia, tolong Anda pesan kamar untuk dua malam.
아멜리아, 당신이 이틀 밤 묵을 방을 예약해 줘요.

Amelia : Baik. Anda tunggu di sini, saja.
좋아요. 당신은 여기서 기다려요.

Amelia : Selamat malam.
안녕하세요.

Resepsionis : Selamat malam. Ada yang bisa saya bantu?
안녕하세요. 무엇을 도와드릴까요?

Amelia : Teman saya mau menginap di sini, apakah ada kamar kosong?
내 친구가 여기서 묵으려고 하는데, 빈 방이 있습니까?

Resepsionis : Untuk berapa malam?
며칠간 묵나요?

Amelia : Untuk dua malam. Berapa tarif per malamnya?
이틀 밤입니다. 일박 당 객실 요금이 얼마입니까?

Resepsionis : Tergantung pada jenis kamarnya. Saya sarankan di paviliun saja. Tempatnya tersendiri di belakang. Fasilitasnya juga tidak jauh berbeda.
객실의 종류에 따라 다릅니다. 별관에 묵으실 것을 권합니다.
뒤쪽에 독립된 장소입니다. 시설도 많이 다르지 않습니다.

Amelia : Baik, berapa harganya?
좋아요, 요금이 얼마입니까?

Resepsionis : Harganya Rp 250.000,00. Kalau kamar biasa Rp 200.000,00.
25만 루피아입니다. 일반실은 20만 루피아입니다.

Amelia : Jadi, saya pilih paviliun saja, ya.
그럼 별관으로 하겠습니다.

Resepsionis : Baik. Atas nama siapa?
좋습니다. 누구 이름으로 예약합니까?

Amelia : Amelia. Ini KTP saya.
아멜리아입니다. 여기 주민증이 있습니다.

Resepsionis : Ini kuncinya. Nanti ada petugas kami yang mengantarkan.

키 여기 있습니다. 잠시 후 저희 직원이 안내해 드릴 것입니다.

Amelia : Baik. Terima kasih.

좋습니다, 감사합니다.

Amelia : Dong Hoon, ayo kita ke belakang. Biar Seung Hwan bisa istirahat.

동훈, 우리 뒤쪽으로 가요. 승환이가 좀 쉴 수 있게요.

어휘공부

mendapat, mendapatkan 얻다, 획득하다
  mendapat angin 좋은 기회를 얻다

kamar kos 하숙방

selama ~동안
  selama-lamanya 영원히

mencarikan 찾아주다
  Ia mencarikan saya pekerjaan. 그는 나에게 일거리를 찾아주었다.

pesan 주문, 예약

menginap 묵다, 기거하다

tarif 요금, 요율, 운임
  Tarif LRT Jabodebek dipatok Rp 12.000 per penumpang.
  자카르타-보고르-데복-버까시 구간 경전철 요금은 일인당 12,000루삐아로 정해졌습니다.

tergantung ~에 달려있다, ~에 걸려있다

menyarankan 제안하다

paviliun 별채, 별관

tersendiri 독립된

atas nama ~의 명의로

KTP(Kartu Tanda Penduduk) 주민등록증

mengantarkan 데려다주다, 가져다주다
  cf. menjemput 마중 나가다, 가서 데리고오다

문법설명

1 접미사 -kan

접미사 -kan은 명사, 형용사, 동사와 결합하여 타동사의 기능을 갖는다. 그 형태는 ber-kan의 형태도 더러 있으나 대개 me-kan의 형태로 활용된다.

1. 대개 사역의 의미로 <~하게 만들다>, <~해주다>의 의미를 갖는다.

Wanita itu sedang menidurkan anaknya.
그 여성은 지금 아이를 재우고 있다.

Orang tuanya membesarkan dia sebagai seorang pengacara yang baik.
그의 부모가 그를 훌륭한 변호사로 키웠다.

Kenaikan harga bensin mengakibatkan meningkatnya harga barang keperluan sehari-hari.
석유값 인상이 생활용품 가격의 인상을 초래했다.

Sudarsono memandikan adiknya.
수다르소노가 그의 동생을 목욕시켰다.

Saya minta ibu agar membangunkan saya pada pukul enam pagi.
나는 어머니께 아침 여섯시에 깨워줄 것을 부탁했다.

2. <~에게 ~을 해주다>의 의미를 갖는다.

Ayah saya membelikan adik saya sepatu baru.
아버지가 동생에게 새 신발을 사주었다.

Cahyono membacakan saya cerita rakyat Jawa Timur.
짜흐요노가 나에게 동부 자바의 민담을 읽어주었다.

3. <~에 관한>의 뜻을 가진 전치사를 대신한다.

Dia membicarakan masa depan Indonesia.
그는 인도네시아의 미래에 대하여 이야기했다.

cf. Dia berbicara tentang masa depan Indonesia.

문형연습

1. Apakah dia sudah mendapatkan kamar di vila Beverly Hills Bali?
   그는 발리 비벌리힐스 빌라에 방을 구했습니까?

   Setahu saya, dia belum dapat kamar di sana.
   제가 알기로 그는 아직 그곳에 방을 구하지 못했습니다.

2. Dia akan tinggal di mana?
   그는 어디에 살 예정입니까?

   Dia akan tinggal di apartemen Batavia.
   그는 바타비아 아파트에 살 것입니다.

3. Kapan dia bisa tinggal di apartmen itu?
   그는 언제 그 아파트에 살 수 있습니까?

   Baru lusa dia dapat tinggal di apartemen itu.
   모레나 돼야 그 아파트에 살 수 있습니다.

4. Bagaimana kalau kita carikan dia losmen?
   우리가 그에게 여관방을 구해줄까요?

   Baik. Masuk akal pendapat Anda.
   좋아요. 좋은 생각입니다.

5. Tolong pesan kamar untuk dua malam di hotel itu.
   그 호텔에 이틀간 방을 예약해주세요.

   Baik, atas nama siapa?
   좋습니다, 누구 이름으로 예약할까요?

6. Berapa tarif per malamnya?
일박 당 객실 요금이 얼마입니까?

Tergantung pada jenis kamarnya.
객실의 종류에 따라 다릅니다.

7. Ada yang bisa saya bantu?
무엇을 도와드릴까요?

Barangkali ada kamar kosong?
혹시 빈 방 있습니까?

8. Jadi, saya pilih paviliun saja.
그럼 별관으로 하겠습니다.

Baik. Atas nama siapa?
좋습니다. 누구 이름으로 예약합니까?

9. Atas nama siapa?
누구 명의로 합니까?

Atas nama saya saja.
제 이름으로 하세요.

10. Kita pulang saja, biar dia bisa istirahat.
그가 쉴 수 있도록 우리는 돌아갑시다.

Baiklah.
좋아요.

반복학습

I. Apakah Seung Hwan sudah mendapatkan kamar kos di Kuningan kemarin?

승환이 어제 꾸닝안에 하숙방을 이미 구했나요?

1. (Dong Hoon)

   Apakah Dong Hoon sudah mendapatkan kamar kos di Kuningan kemarin?

   동훈이 어제 꾸닝안에 하숙방을 구했나요?

2. (losmen)

   Apakah Dong Hoon sudah mendapatkan losmen di Kuningan kemarin?

   동훈이 어제 꾸닝안에 여관을 이미 구했나요?

3. (Depok)

   Apakah Dong Hoon sudah mendapatkan losmen di Depok kemarin?

   동훈이 어제 데뽁에 여관을 이미 구했나요?

4. (tadi pagi)

   Apakah Dong Hoon sudah mendapatkan losmen di Depok tadi pagi?

   동훈이 오늘 아침 데뽁에 여관을 이미 구했나요?

II. Kata Agga, Seung Hwan baru lusa dapat tinggal di apartemen itu.

아가 말이 승환이가 모레나 그 아파트에 들어갈 수 있다고 합니다.

1. (kata Nanda)

   Kata Nanda, Seung Hwan baru lusa dapat tinggal di apartemen itu.

   난다 말이 승환이가 모레나 그 아파트에 들어갈 수 있다고 합니다.

2. (Yoon Ji)

   Kata Nanda, Yoon Ji baru lusa dapat tinggal di apartemen itu.

   난다 말이 윤지가 모레나 그 아파트에 들어갈 수 있다고 합니다.

3. (besok)

   Kata Nanda, Yoon Ji baru besok dapat tinggal di apartemen itu.

   난다 말이 윤지가 내일에나 그 아파트에 들어갈 수 있다고 합니다.

4. (kamar kos)

   Kata Nanda, Yoon Ji baru besok dapat tinggal di kamar kos itu.

   난다 말이 윤지가 내일에나 그 하숙방에 들어갈 수 있다고 합니다.

III. Amelia, tolong pesan kamar untuk dua malam di Hotel Sultan mulai tanggal 2 Juni depan.

아멜리아, 오는 6월 2일부터 이틀 밤 묵을 방을 술탄호텔에 예약해 줘요.

1. (Nanda)

   Nanda, tolong pesan kamar untuk dua malam di Hotel Sultan mulai tanggal 2 Juni depan.

   난다, 오는 6월 2일부터 이틀 밤 묵을 방을 술탄호텔에 예약해 줘요.

2. (tiga malam)

   Nanda, tolong pesan kamar untuk tiga malam di Hotel Sultan mulai tanggal 2 Juni depan.

   난다, 오는 6월 2일부터 사흘 밤 묵을 방을 술탄호텔에 예약해 줘요.

3. (di vila Beverly Hills Bali)

   Nanda, tolong pesan kamar untuk tiga malam di vila Beverly Hills Bali mulai tanggal 2 Juni depan.

   난다, 오는 6월 2일부터 사흘 밤 묵을 방을 비벌리힐스 발리에 예약해 줘요.

4. (tanggal 5 Mei)

   Nanda, tolong pesan kamar untuk tiga malam di vila Beverly Hills Bali mulai tanggal 5 Mei depan.

   난다, 오는 5월 5일부터 사흘 밤 묵을 방을 비벌리힐스 발리에 예약해 줘요.

IV. Teman saya mau menginap di hotel ini untuk tiga malam mulai besok.

내 친구가 내일부터 사흘 동안 이 호텔에 묵을 것입니다.

1. (adik saya)

   Adik saya mau menginap di hotel ini untuk tiga malam mulai besok.

   내 동생이 내일부터 사흘 동안 이 호텔에 묵을 것입니다.

2. (losmen ini)

   Adik saya mau menginap di losmen ini untuk tiga malam mulai besok.

   내 동생이 내일부터 사흘 동안 이 여관에 묵을 것입니다.

3. (dua malam)

   Adik saya mau menginap di losmen ini untuk dua malam mulai besok.

   내 동생이 내일부터 이틀 동안 이 여관에 묵을 것입니다.

4. (lusa)

   Adik saya mau menginap di losmen ini untuk dua malam mulai lusa.

   내 동생이 모레부터 이틀 동안 이 여관에 묵을 것입니다.

V. Nanti ada petugas kami yang mengantarkan kopor ini ke kamar Anda.

이따가 저희 직원이 이 가방을 당신 방으로 가져다드릴 것입니다.

1. (sebentar lagi)

Sebentar lagi ada petugas kami yang mengantarkan kopor ini ke kamar Anda.

잠시 후에 저희 직원이 이 가방을 당신 방으로 가져다드릴 것입니다.

2. (karyawan)

Sebentar lagi ada karyawan kami yang mengantarkan kopor ini ke kamar Anda.

잠시 후에 저희 직원이 이 가방을 당신 방으로 가져다드릴 것입니다.

3. (barang)

Sebentar lagi ada karyawan kami yang mengantarkan barang ini ke kamar Anda.

잠시 후에 저희 직원이 이 물건을 당신 방으로 가져다드릴 것입니다.

4. (kalian)

Sebentar lagi ada karyawan kami yang mengantarkan barang ini ke kamar kalian.

잠시 후에 저희 직원이 이 물건을 여러분 방으로 가져다드릴 것입니다.

확인학습

I. 다음 단어를 배열하여 주어진 의미가 되도록 문장을 완성하시오.

1. 승환은 하숙방을 구했습니까?
   (apakah, sudah mendapatkan, Seung Hwan, kamar kos)

2. 그는 바타비아 아파트에 살 것입니다.
   (akan tinggal, dia, di apartemen Batavia)

3. 그런데 문제가 좀 있습니다.
   (ada, masalah sedikit, tetapi)

4. 모레나 돼야 그 아파트에 살 수 있습니다.
   (dia, dapat tinggal, baru bisa, di apartemen itu)

5. 우리가 그에게 호텔을 구해줄까요?
   (kita, bagaimana kalau, carikan dia, hotel)

6. 아멜리아, 발리 비벌리힐스 빌라에 이틀간 방을 예약해주세요.
   (Amelia, tolong, di vila Beverly Hills Bali, untuk dua malam, pesan kamar)

7. 무엇을 도와드릴까요?

(yang, ada, saya bantu, bisa)

8. 내 친구가 여기서 묶으려고 하는데, 빈 방이 있습니까?

(teman saya, di sini, mau menginap, apakah, kamar kosong, ada)

9. 일박 당 객실 요금이 얼마입니까?

(tarif, per malamnya, berapa)

10. 누구 명의로 합니까?

(atas nama, siapa)

제19과 병원 진료

BEROBAT KE DOKTER

19

본문

Ari : Yoon Ji, wajah Anda kelihatan pucat. Sakit ya?
윤지, 당신 얼굴이 창백해 보여요. 어디 아파요?

Yoon Ji : Ya, mungkin saya sakit. Kepala saya pusing. Perut saya mual, mau muntah.
그래요, 좀 아픈 것 같아요. 머리가 어지러워요. 속이 미식거리고 토할 것 같아요.

Ari : Nah, itu gejala sakit. Barangkali masuk angin atau terlalu banyak makan pedas.

그래, 그것 아픈 증상입니다. 몸살이거나 매운 것을 많이 먹어서 그럴 거예요.

Yoon Ji : Ah, tidak. Mungkin karena saya kurang istirahat. Semalam saya begadang sampai pukul tiga pagi.

아, 아니어요. 내가 휴식이 부족해서 그럴 거예요. 엊저녁에 새벽 세시까지 못 잤어요.

Ari : Oh, itu tidak baik. Ayo, sekarang kita ke dokter.

아, 그것 잘하는 일이 아닙니다. 자, 우리 병원에 가요.

Yoon Ji : Baiklah, tolong antar saya ke dokter.

좋아요, 나를 병원에 좀 데려다 줘요.

***

Ari : Selamat sore.

안녕하세요.

Suster : Selamat sore. Mau periksa ke dokter?

안녕히세요. 의사 선생님 진찰을 받으시려고요?

Ari : Ya, saya mengantar teman saya. Dia kelihatannya sakit.

예, 저는 친구를 데리고 왔습니다. 친구가 좀 아픈 것 같아요.

Suster : Baik. Ini formulirnya. Tolong diisi.

좋아요. 여기 양식이 있습니다. 기입해 주세요.

Ari : Yoon Ji, tolong isi formulir ini.

윤지, 이 양식을 좀 기입해요.

Yoon Ji : Maaf, Ari. Ini soal umur, pakai perhitungan Korea atau Indonesia? Juga mengenai alamat, saya tulis alamat di Seoul atau di Jakarta?
아리, 미안한데요, 여기 나이는 한국식으로 계산해요 아니면 인도네시아 식으로 해요? 주소도 한국 주소를 쓰는 거예요 아니면 인도네시아 주소를 쓰나요?

Ari : Tulis saja tanggal, bulan, dan tahun kelahiran Anda. Alamatnya, tulis saja alamat di Jakarta. Cantumkan juga nomor HP Anda.
당신의 생년월일을 쓰도록 해. 그리고 주소는 자카르타 주소를 쓰고 당신의 휴대폰 번호도 적어요.

Yoon Ji : Baik. Ini suster.
그래요. 여기 있습니다, 간호사님.

Suster : Terima kasih. Silakan tunggu sebentar. Nanti akan saya panggil.
감사합니다. 잠깐만 기다리세요. 잠시 후 부르겠습니다.

Ari : Ya. Terima kasih.
예, 감사합니다.

어휘공부

wajah 얼굴

pucat 창백한
    pucat seperti mayat 매우 창백한

pusing 어지러운, 도는

mual (속이)미식거리는

muntah 토하다

gejala 현상
    gejala erosi 침식현상

memeriksa 조사하다, 진찰하다

formulir 양식, 서식

mengisi 기입하다, 채우다
    mengisi waktu 시간을 보내다, 시간을 때우다

mencantumkan 포함하다

문법설명

1 Mungkin의 의미

1. '아마도'의 의미를 가지며, 명사형 kemungkinan은 가능성을 나타낸다.

Samsul tidak masuk kerja, mungkin dia sakit.
삼술이 출근하지 않았는데 아마도 아플 것입니다.

Mungkin besok tidak hujan lagi.
아마 내일은 더 이상 비가 오지 않을 것이다.

Kemungkinan besar cabang bulu tangkis dari kontingen Indonesia meraih medali di Olimpiade.
인도네시아 팀이 배드민턴 종목에서 메달을 획득할 가능성이 크다.

2. se ~ mungkin의 형태로 '가능하면 더~'의 의미를 갖는다.

Saya berharap adik saya pulang secepat mungkin.
나는 내 동생이 가능하면 빨리 돌아오기를 바랍니다.

Cobalah uraikan sejelas mungkin.
가능하면 자세히 설명해 보시오.

Makan saja sayur-sayuran sebanyak mungkin.
가능하면 다양한 채소를 많이 먹어요.

문형연습

1. Wajah Anda kelihatan pucat.
   당신 얼굴이 창백해 보입니다.

   Mungkin saya sakit.
   어디 아픈가 봐요.

2. Apa Anda sakit?
   당신은 아프십니까?

   Saya sakit kepala.
   머리가 아픕니다.

3. Perut saya mual, mau muntah.
   머리가 어지럽고 토할 것 같습니다.

   Anda perlu berobat ke dokter.
   당신은 병원에 가보아야 합니다.

4. Apa gejala ini?
   이것은 무슨 증상입니까?

   Itu gejala sakit.
   그것은 아픈 증상입니다.

5. Mungkin karena saya kurang istirahat.
   아마 내가 휴식이 부족해서 그런 것 같습니다.

   Saya juga berpendapat demikian.
   나도 그렇게 생각합니다.

6. Semalam Anda berkerja sampai pukul berapa?
당신은 엊저녁에 몇 시까지 일했습니까?

Semalam saya begadang sampai pukul tiga pagi.
엊저녁 나는 새벽 세시까지 못 잤습니다.

7. Apa yang harus saya lakukan sekarang?
제가 지금 무엇을 해야 합니까?

Tolong antar dia ke dokter.
그를 의사 선생님께 데려다주세요.

8. Tolong isi formulir ini.
이 양식을 기입해주세요.

Siap.
알겠습니다.

9. Tulis saja tanggal, bulan, dan tahun kelahiran Anda.
당신의 생년월일을 쓰십시오.

Oke.
알았습니다.

10. Nanti akan saya panggil.
이따가 내가 부르겠습니다.

Baik. Saya tunggu di sini.
좋습니다. 여기서 기다리겠습니다.

반복학습

I. Semalam saya begadang sampai pukul tiga pagi.

엊저녁에 나는 새벽 세시까지 못 잤어요.

1. (tadi malam)

Tadi malam saya begadang sampai pukul tiga pagi.

엊저녁에 나는 새벽 세시까지 못 잤어요.

2. (dia)

Tadi malam dia begadang sampai pukul tiga pagi.

엊저녁에 그는 새벽 세시까지 못 잤어요.

3. (bertugas)

Tadi malam dia bertugas sampai pukul tiga pagi.

엊저녁에 그는 새벽 세시까지 근무했어요.

4. (pukul empat pagi)

Tadi malam dia bertugas sampai pukul empat pagi.

엊저녁에 그는 새벽 네시까지 근무했어요.

II. Tadi saya mengantar teman saya ke perpustakaan.

나는 아까 내 친구를 도서관에 데려다주었습니다.

1. (kemarin)

Kemarin saya mengantar teman saya ke perpustakaan.

나는 어제 내 친구를 도서관에 데려다주었습니다.

2. (Nanda)

Kemarin Nanda mengantar teman saya ke perpustakaan.
난다는 어제 내 친구를 도서관에 데려다주었습니다.

3. (adik saya)

Kemarin Nanda mengantar adik saya ke perpustakaan.
난다는 어제 내 동생을 도서관에 데려다주었습니다.

4. (rumah sakit)

Kemarin Nanda mengantar adik saya ke rumah sakit.
난다는 어제 내 동생을 병원에 데려다주었습니다.

III. Yoon Ji, tolong isi formulir ini secepat mungkin di meja itu.

윤지, 저 책상에서 이 양식을 가능하면 빨리 좀 기입해요.

1. (Dong Hoon)

Dong Hoon, tolong isi formulir ini secepat mungkin di meja itu.
동훈, 저 책상에서 이 양식을 가능하면 빨리 좀 기입해요.

2. (minta)

Dong Hoon, minta isi formulir ini secepat mungkin di meja itu.
동훈, 저 책상에서 이 양식을 가능하면 빨리 좀 기입해주기 바래요.

3. (sesegera mungkin)

Dong Hoon, minta isi formulir ini sesegera mungkin di meja itu.
동훈, 저 책상에서 이 양식을 가능하면 속히 좀 기입해주기 바래요.

4. (di sana)

Dong Hoon, minta isi formulir ini sesegera mungkin di sana.
동훈, 저기에서 이 양식을 가능하면 속히 좀 기입해주기 바래요.

IV. Agga, silakan tunggu sebentar di depan pintu itu.

아가, 저 문 앞에서 잠시 기다리세요.

1. (Nanda)

Nanda, silakan tunggu sebentar di depan pintu itu.
난다, 저 문 앞에서 잠시 기다리세요.

2. (mohon)

Nanda, mohon tunggu sebentar di depan pintu itu.
난다, 저 문 앞에서 잠시 기다려주기 바래요.

3. (lima menit)

Nanda, mohon tunggu lima menit di depan pintu itu.
난다, 저 문 앞에서 5분간 기다려주기 바래요.

4. (meja)

Nanda, mohon tunggu lima menit di depan meja itu.
난다, 저 탁자 앞에서 5분간 기다려주기 바래요.

V. Samsul, sepuluh menit lagi akan saya panggil.

삼술, 10분 후에 내가 부를게요.

1. (Siti)

Siti, sepuluh menit lagi akan saya panggil.

시띠, 10분 후에 내가 부를게요.

2. (sebentar lagi)

Siti, sebentar lagi akan saya panggil.

시띠, 잠시 후에 내가 부를게요.

3. (dia)

Siti, sebentar lagi akan dia panggil.

시띠, 잠시 후에 그가 부를거예요.

4. (pulang)

Siti, sebentar lagi akan dia pulang.

시띠, 잠시후에 그가 돌아올거예요.

확인학습

I. 다음 단어를 배열하여 주어진 의미가 되도록 문장을 완성하시오.

1. 당신 얼굴이 창백해 보입니다.
   (pucat, kelihatan, wajah Anda)

2. 내가 아픈것 같습니다.
   (saya, mungkin, sakit)

3. 몸살이거나 매운 것을 너무 많이 먹은 것 같습니다.
   (masuk angin, terlalu banyak, barangkali, atau, makan pedas)

4. 엊저녁 새벽 세시까지 못 잤습니다.
   (saya, sampai pukul tiga pagi, semalam, begadang)

5. 나를 의사선생님께 데려다주세요.
   (ke dokter, tolong, antar saya)

6. 의사선생님께 진찰 받으려고요?
   (periksa, mau, ke dokter)

7. 이 양식을 기입해주세요.

(isi, tolong, formulir ini)

8. 나이는 한국 식으로 계산합니까 아니면 인도네시아 식으로 합니까?

(soal umur, ini, perhitungan Korea, pakai, atau, perhitungan Indonesia)

9. 휴대폰 번호도 적으세요!

(cantumkan juga, Anda, nomor HP)

10. 이따가 내가 부르겠습니다.

(nanti, saya, panggil, akan)

제20과 사왕안에서 골프하기 20

MAIN GOLF DI SAWANGAN

본문

Nanda : Wah, pemandangannya bagus sekali, ya!

와, 경치가 참 좋네!

Dong Hoon : Iya. Padang Golf Sawangan ini terkenal dan fasilitasnya lengkap.

그래. 사왕안 골프장은 유명하고 시설도 완벽해요.

Sasha : Dong Hoon, Di Padang Golf Sawangan ini jumlah holenya ada berapa?

동훈, 사왕안 골프장은 모두 몇 홀짜리 골프장입니까?

Dong Hoon : Di Padang Golf Sawangan ini 18 hole semuanya.
모두 18홀입니다.

Agga : Dong Hoon, Anda pandai bermain golf? Handicapnya berapa?
동훈, 골프 잘 치나요? 핸디캡은 얼마인가요?

Dong Hoon : Handicap saya 18. Maka, rata-rata saya main 90 pukulan.
내 핸디캡은 18이고, 평균 타수가 90타입니다.

Nanda : Kalau Sasha, handicapnya berapa?
그럼 사샤는 핸디캡이 얼마지요?

Sasha : Kalau saya 24 handicapnya.
내 핸디캡은 24이예요.

Agga : Mr. Hwang, coba kasih lihat t-shot Anda.
미스터 황, 당신의 티샷을 좀 보여주세요.

Mr. Hwan : Iya.
알았습니다.

Dong Hoon : Pukulannya bagus dan jaraknya juga jauh.
샷이 좋고 거리도 장타네요.

Agga : Mr. Hwang rata-rata t-shotnya berapa? Kira-kira sampai 270 tidak?
당신의 평균 티샷 비거리는 얼마입니까? 270미터 정도 되나요, 안 되나요?

Mr. Hwan : Iya.
예, 그렇습니다.

Nanda : Wah, anginnya kencang.
오늘 바람이 강합니다.

Dong Hoon : Iya. Makanya, kita harus memperhatikan pengaruh angin juga.
예. 그래서 바람의 영향도 고려해야 합니다.

Sasha : Oh, begitu.
아, 그렇군요.

Dong Hoon : Mari, saya pukul dulu.
자, 내가 먼저 칠게요.

***

Nanda : Bagaimana keadaan greennya ?
그린 상태는 어떤가요?

Sasha : Sepertinya licin sekali, bagaimana menurut Dong Hoon ?
매우 빠른 듯한데, 동훈 생각은 어때요?

Dong Hoon : Iya. Agak licin dan cepat.
맞아요. 그린이 매우 빨라요.

Sasha : Bola saya di situ. Lainya bagaimana?
내 볼은 저쪽에 있어요. 라이가 어때요?

Dong Hoon : Harus ambil kanan sedikit, karena kanannya agak tinggi.

우측이 좀 높기 때문에 우측을 좀 봐야합니다.

Nanda : Kalau bola saya bagaimana?

내 볼은 어떤가요?

Dong Hoon : Kalau Nanda, pukul pelan-pelan karena lainya turun.

난다의 경우는 내리막 라이이기 때문에 좀 천천히 쳐야합니다.

Agga : Kalau saya?

나는 어때요?

Dong Hoon : Kalau Agga, sedikit keras, karena lainya naik.

아가는 오르막 라이이므로 좀 세게 쳐야합니다.

Agga : Oh, baiklah. Terima kasih.

좋아요. 고마워요.

어휘공부

pemandangan 경치, 풍광

  batas pemandangan 지평선

padang golf 골프장

terkenal 유명한, 알려진

  Kemanjuran obat ini telah terkenal di seluruh dunia.

  이 약의 효능은 이미 세계적으로 알려졌다.

lengkap 완벽한

  lengkap genap 완벽한

  rapat lengkap 전체회의

rata-rata 평균

  suhu harian rata-rata 일평균기온

jarak 거리

  jarak dekat 근거리

  jarak jauh 장거리

kencang 강한, 센

  angin kencang 강풍

pengaruh 영향

  memengaruhi 영향을 끼치다

sepertinya ~처럼 보이다

licin 미끄러운

  bermuka licin 부유해 보이는

pelan-pelan 천천히

문법설명

1 -nya의 활용

-nya는 전접어 형태의 개명사이며 다음과 같은 기능과 의미를 가진다.

1. 소유격대명사의 기능을 한다.

Ayahnya bekerja di Kementerian Hukum dan HAM.
그의 아버지는 법무인권부에서 근무한다.

Para mahasiswa sedang berbicara tentang kemakmuran bangsa dan negaranya.
대학생들은 그들 국가와 민족의 번영에 관한 논의를 하고 있다.

2. -nya가 단어에 접미되어 전성명사를 만든다.

Cantiknya gadis itu menarik perhatian Wiranggaleng.
그 소녀의 미모가 위랑갈렝의 마음을 사로잡았다.

Tangkasnya Sungging Perbangkara dalam mempergunakan pedang dan panah sukar ditandingi satria-satria lain.
검과 활을 쓰는데 있어서의 숭깅 뻐르방까라의 민첩함은 다른 무사들이 이길수가 없었다.

Larinya atlet dari Indonesia sangat memukau para penonton di stadion.
인도네시아 육상 선수의 달리기가 경기장에 있는 관중들을 감동시켰다.

3. 목적격 기능을 하는 3인친대명사 dia의 전접어로 사용된다.

Presiden direktur mengangkatnya sebagai direktur pemasaran.
대표이사가 그를 마케팅 이사로 임명하였다.

Seharusnya pihak pemerintah menyelesaikannya dalam jangka waktu tiga bulan.
정부는 그것을 3개월의 기간 안에 끝내야한다.

4. -nya가 접미되어 지시어의 기능을 한다.

Gedung itu bergaya Eropa, atapnya tinggi-tinggi.
저 건물은 유럽풍인데 지붕이 높다랗다.

Indonesia negeri besar, penduduknya jauh lebih banyak daripada Singapura.
인도네시아는 큰 나라인데 인구가 싱가포르보다 훨씬 많다.

5. 접두사 se-와 함께 최상급을 만든다.

Mengubah ancaman hukuman dalam pasal 303 ayat(1) Kitab Undang-Undang Hukum Pidana, dari hukuman penjara selama-lamanya dua tahun atau denda sebanyak-banyaknya sembilan puluh ribu rupiah menjadi hukuman penjara selama-lamanya sepuluh tahun atau denda sebanyak-banyaknya dua puluh lima juta rupiah.
형법전 제303조 1항에 명시된 최고 2년의 징역 혹은 최고 9만 루피아의 벌금형을 최고 10년의 징역 혹은 최고 2천 5백만 루피아의 벌금형으로 개정한다.

문형연습

1. Bagaimana pemandangannya?
   경치가 어떻습니까?

   Pemandangannya bagus sekali.
   경치가 참 좋습니다.

2. Padang golf ini terkenal dan fasilitasnya lengkap.
   이 골프장은 유명하고 시설도 완벽합니다.

   Ya, luar biasa bagus.
   예, 아주 멋집니다.

3. Padang golf ini punya berapa hole?
   이 골프장은 몇 홀입니까?

   Di padang golf ini 18 hole semuanya.
   이 골프장은 모두 18홀입니다.

4. Handicapnya berapa?
   핸디캡이 얼마입니까?

   Handicap saya sepuluh.
   제 핸디캡은 10입니다.

5. Pukulannya bagus dan jaraknya juga jauh.
   샷이 좋고 거리도 장타네요.

   Terima kasih.
   감사합니다.

6. Kira-kira sampai 250 meter tidak?
250미터 정도 나갑니까?

Tidak demikian. Kira-kira 230 meter saja.
그렇지 않습니다. 230미터 정도 됩니다.

7. Anginnya kencang hari ini.
오늘 바람이 강합니다.

Ya, betul.
예, 맞아요.

8. Harus ambil kanan sedikit, karena kanannya agak tinggi.
우측이 좀 높기 때문에 우측을 좀 봐야합니다.

O, begitu.
아, 그래요.

9. Kalau bola saya bagaimana?
내 볼은 어떻습니까?

Kalau Anda, pukul pelan-pelan karena lainya turun.
당신의 경우는 내리막 라이이기 때문에 좀 천천히 쳐야합니다.

10. Kita harus memperhatikan pengaruh angin juga.
우리는 바람의 영향도 고려해야 합니다.

Ya, terima kasih.
예, 감사합니다.

반복학습

I. Wah, pemandangan padang golf ini bagus sekali kalau lihat dari sini.

와, 여기에서 보니 이 골프장 경치가 매우 좋습니다.

1. (Padang Golf Emeralda)

Wah, pemandangan Padang Golf Emeralda bagus sekali kalau lihat dari sini.

와, 여기에서 보니 에머랄다 골프장 경치가 매우 좋습니다.

2. (indah)

Wah, pemandangan Padang Golf Emeralda indah sekali kalau lihat dari sini.

와, 여기에서 보니 에머랄다 골프장 경치가 매우 좋습니다.

3. (sangat)

Wah, pemandangan Padang Golf Emeralda sangat indah kalau lihat dari sini.

와, 여기에서 보니 에머랄다 골프장 경치가 매우 좋습니다.

4. (dari sana)

Wah, pemandangan Padang Golf Emeralda sangat indah kalau lihat dari posisi ini.

와, 이 위치에서 보니 에머랄다 골프장 경치가 매우 좋습니다.

II. Padang golf ini terkenal sejak 30 tahun lalu, dan fasilitasnya cukup baik.

이 골프장은 30년 전부터 알려져 있고 시설도 꽤 좋습니다.

1. (Padang Golf Halim)

   Padang Golf Halim terkenal sejak 30 tahun lalu, dan fasilitasnya cukup baik.

   할림골프장은 30년 전부터 알려져 있고 시설도 꽤 좋습니다.

2. (ternama)

   Padang Golf Halim ternama sejak 30 tahun lalu, dan fasilitasnya cukup baik.

   할림골프장은 30년 전부터 알려져 있고 시설도 꽤 좋습니다.

3. (20 tahun)

   Padang Golf Halim ternama sejak 20 tahun lalu, dan fasilitasnya cukup baik.

   할림골프장은 20년 전부터 알려져 있고 시설도 꽤 좋습니다.

4. (baik sekali)

   Padang Golf Halim ternama sejak 20 tahun lalu, dan fasilitasnya baik sekali.

   할림골프장은 20년 전부터 알려져 있고 시설도 매우 좋습니다.

III. Mr. Hwang, coba kasih lihat t-shot Anda di sana.

미스터 황, 저쪽에서 당신의 티샷을 보여주세요.

1. (Mr. Kim)

Mr. Kim, coba kasih lihat t-shot Anda di sana.

미스터 김, 저쪽에서 당신의 티샷을 보여주세요.

2. (minta)

Mr. Kim, minta kasih lihat t-shot Anda di sana.

미스터 김, 저쪽에서 당신의 티샷을 보여주세요.

3. (Iron-Shot)

Mr. Kim, minta kasih lihat iron-shot Anda di sana.

미스터 김, 저쪽에서 당신의 아이언샷을 보여주세요.

4. (di sini)

Mr. Kim, minta kasih lihat iron-shot Anda di sini.

미스터 김, 여기에서 당신의 아이언샷을 보여주세요.

IV. Fian, kita harus selalu memperhatikan pengaruh angin juga di padang golf.

피안, 우리는 골프장에서 항상 바람의 영향도 고려해야 합니다.

1. (Mr. Kim)

Mr. Kim, kita harus selalu memperhatikan pengaruh angin juga di padang golf.

미스터 김, 우리는 골프장에서 항상 바람의 영향도 고려해야 합니다.

2. (kalian)

Mr. Kim, kalian harus selalu memperhatikan pengaruh angin juga di padang golf.

미스터 김, 당신들은 골프장에서 항상 바람의 영향도 고려해야 합니다.

3. (senantiasa)

Mr. Kim, kalian harus senantiasa memperhatikan pengaruh angin juga di padang golf.

미스터 김, 당신들은 골프장에서 항상 바람의 영향도 고려해야 합니다.

4. (pengaruh hujan)

Mr. Kim, kalian harus senantiasa memperhatikan pengaruh hujan juga di padang golf.

미스터 김, 당신들은 골프장에서 항상 비의 영향도 고려해야 합니다.

V. Sepertinya licin sekali green padang golf ini, bagaimana menurut Dong Hoon?

이 골프장 그린이 매우 빠른 듯한데, 동훈 생각은 어때요?

1. (kelihatannya)

Kelihatannya licin sekali green padang golf ini, bagaimana menurut Dong Hoon?

이 골프장 그린이 매우 빨라 보이는데, 동훈 생각은 어때요?

2. (tidak begitu licin)

Kelihatannya tidak begitu licin green padang golf ini, bagaimana menurut Dong Hoon?

이 골프장 그린이 그렇게 빨라 보이지 않는데, 동훈 생각은 어때요?

3. (Padang Golf Emeralda)

Kelihatannya tidak begitu licin green Padang Golf Emeralda, bagaimana menurut Dong Hoon?

에메랄다 골프장 그린이 그렇게 빨라 보이지 않는데, 동훈 생각은 어때요?

4. (menurut Mr. Kim)

Kelihatannya tidak begitu licin green Padang Golf Emeralda, bagaimana menurut Mr. Kim?

에메랄다 골프장 그린이 그렇게 빨라 보이지 않는데, 미스터 김 생각은 어때요?

확인학습

I. 다음 단어를 배열하여 주어진 의미가 되도록 문장을 완성하시오.

1. 와 경치가 참 좋습니다.
   (wah, bagus sekali, pemandangannya)

2. 이 골프장은 유명하고 시설도 완벽합니다.
   (terkenal, padang golf ini, dan, fasilitasnya, lengkap)

3. 이 골프장은 몇 홀 규모입니까?
   (jumlah holenya, ada berapa, padang golf ini, di)

4. 당신을 골프를 잘 합니까?
   (pandai, Anda, bermain golf)

5. 나는 평균 90타를 칩니다.
   (saya, main 90 pukulan, rata-rata)

6. 샷이 좋고 거리도 장타네요.
   (dan, jaraknya juga, jauh, bagus, pukulannya)

7. 미스터 황, 티샷의 평균 비거리는 얼마입니까?

(Mr. Hwang, t-shotnya, berapa, rata-rata)

8. 우리는 바람의 영향도 고려해야 합니다.

(memperhatikan, kita harus, pengaruh angin juga)

9. 내리막 라이이기 때문에 좀 천천히 쳐야합니다.

(karena, pukul pelan-pelan, lainya turun)

10. 아가는 오르막 라이이므로 좀 세게 쳐야합니다.

(kalau Agga, karena, sedikit keras, lainya naik)

정답

제1과 안녕하세요?
APA KABAR?

1. Apa kabar hari ini?
2. Baik-baik saja hari ini.
3. Bagaimana kabar Anda dewasa ini?
4. Sibuk sekali dengan urusan kantor.
5. Bagaimana kabar kakak Anda?
6. Dia baik-baik saja.
7. Anak Anda sekolah di mana?
8. Anak saya duduk di kelas dua SMP 7.
9. Adik Anda bekerja di mana?
10. Adik saya bekerja di PT. KIDECO Jaya Agung.

제2과 좋은 아침입니다!
SELAMAT PAGI!

1. Sudah makan siang, Agga?
2. Sudah, tadi pukul dua belas.
3. Awal sekali makan malamnya.
4. Karena saya lapar sekali.
5. Bangun tidur jam berapa tadi pagi?
6. Saya bangun pada jam enam.
7. Tadi malam saya begadang sampai larut malam.

8. Waktu subuh saya sudah bangun.

9. Saya bikin soto ayam tadi pagi.

10. Kapan-kapan ajari saya bikin soto ayam.

제3과 저녁식사 초대

UNDANGAN MAKAN MALAM

1. Siang ini Anda punya acara?

2. Tidak, saya mau di rumah saja.

3. Bagaimana kalau saya mengundang makan malam?

4. Boleh. Terima kasih.

5. Boleh saya mengajak teman saya?

6. Tentu saja boleh. Silakan.

7. Jam berapa saya datang ke rumah Anda?

8. Datang saja sekitar jam tujuh.

9. Terima kasih atas undangannya.

10. Sampai jumpa nanti.

제4과 댁이 어디입니까?

RUMAHM ANDA DI MANA?

1. Ada apa, Nanda?

2. Sekarang saya mau ke rumah Anda dengan taksi.

3. Saya belum tahu alamat rumah Anda di mana.

4. Kemudian bagaimana?

5. Kalau sudah sampai di Margonda, jalan terus ke arah selatan.

6. Masuk saja ke kompleks perumahan Kota Kembang.

7. Saya akan cari taksi sekarang.
8. Lebih baik Anda naik taksi Blue Bird.
9. Nanti kalau ada masalah, saya telepon Anda lagi.
10. Saya tunggu.

제5과 주소 찾기
MENCARI ALAMAT

1. Sekarang posisinya di mana?
2. Saya kira sudah dekat.
3. Apa gunung Bromo kelihatan dari sini?
4. Gunung itu tidak kelihatan dari sini.
5. Anda mau ke mana?
6. Saya mau ke Bali.
7. Dari sini Anda lurus saja.
8. Kemudian belok ke kanan.
9. Jangan lupa rumahnya warna putih.
10. Ya, terima kasih.

제6과 생일을 축하합니다!
SELAMAT ULANG TAHUN!

1. Siang ini Anda ada acara apa?
2. Saya mau berenang di kolam renang.
3. Bagaimana kalau kita ke Taman Safari?
4. Tentu saja mau.
5. Anda baru pulang dari Indonesia?

6. Ya, benar.

7. Anda ganteng sekali.

8. Anak perempuan Santi sangat cantik.

9. Semoga lekas sembuh.

10. Mudah-mudahan dia dapat lulus tahun ini.

제7과 식당에서
DI RUMAH MAKAN

1. Anda mau makan apa?
2. Terserah Anda.
3. Pokoknya Anda saya traktir.
4. Terima kasih banyak.
5. Kalau begitu, kita makan masakan Sunda saja.
6. Boleh, saya suka juga masakan Sunda.
7. Saya mau pesan nasi goreng dan es teh manis.
8. Ada lagi?
9. Saya ulang pesanannya.
10. Baik. Saya tunggu.

제8과 성공을 빕니다!
SEMOGA SUKSES!

1. Saya punya berita baik untuk Anda.
2. Berita baik apa?
3. Apa Anda belum dengar berita baik itu?
4. Saya belum mendengarnya.

5. Semoga bukan berita buruk.

6. Saya berharap demikian juga.

7. Anda terpilih sebagai karyawan terbaik.

8. Benar itu?

9. Saya mau baca surat keputusannya.

10. Segoga sukses!

제9과 하리 라야를 축하합니다!
SELAMAT HARI RAYA!

1. Anda tahu besok hari Lebaran?

2. Apa itu Lebaran?

3. Lebaran adalah hari raya umat Islam.

4. Oh, begitu.

5. Pada saat Lebaran semua keluarga berkumpul.

6. Seperti Hari Chu Seok di Korea.

7. Bukan begitu ucapannya, tetapi "Selamat Hari Raya Idul Fitri."

8. Saya akan mengucapkan salamnya seperti itu.

9. Kalau bisa, datang ke rumah saya.

10. Nanti saya datang.

제10과 르바란 축제일
HARI LEBARAN

1. Dua hari lagi kan Labaran.

2. Katanya kalau Lebaran banyak makanan.

3. Pada Hari Lebaran umat Islam biasanya membuat masakan khusus.

4. Setiap menjelang Lebaran, umat Islam sibuk membuat masakan khusus di rumahnya.
5. Apa ada makanan khusus untuk masakan Lebaran?
6. Ketupat itu dibuat dari beras.
7. Apakah ada kegiatan lain di Lebaran?
8. Biasanya kerabat dan tetangga datang ke rumah.
9. Jangan melakukan kesalahan lagi.
10. Semua dimulai dengan semangat baru yang lebih baik.

제11과 가족과 인사

BERKENALAN DENGAN KELUARGA

1. Terima kasih, Anda sudah datang ke rumah saya.
2. Ternyata rumah Anda besar.
3. Ayah membeli tanah di sini.
4. Lalu membangunnya untuk dijadikan tempat tinggal.
5. Ayah Anda berasal dari mana?
6. Dia keturunan suku Sunda.
7. Sedangkan, ibu berasal dari Yogyakarta.
8. Anda akan saya perkenalkan kepada keluarga saya.
9. Ini kakak saya, namanya Sasa.
10. Saya senang berkenalan dengan kalian.

제12과 새로운 친구

TEMAN BARU

1. Anda sudah kenal Pak Maman?
2. Belum. Siapa dia?
3. Dia teman baik saya.
4. Saya Suryopratomo, dan biasa dipanggil Tomy.
5. Saya Kim Yoon Ji dari Seoul Korea.
6. Saya sedang bekerja di PT. Koin.
7. Bahasa Indonesianya sudah cukup baik.
8. Saya masih harus banyak belajar.
9. Sebenarnya bahasa Indonesia tidak terlalu sulit.
10. Saya kira, jika Anda punya banyak teman Indonesia, Anda akan lebih lancar berbicara bahasa Indonesia.

제13과 기사는 누구입니까?

SOPIRNYA SIAPA?

1. Bagaimana kalau hari Minggu besok kita pergi ke Taman Mini?
2. Di mana letak Taman Mini?
3. Tidak jauh dari sini.
4. Berapa lama perjalanannya?
5. Tidak lama. Sekitar satu setengah jam.
6. Kita naik kendaraan pribadi atau naik kendaraan umum?
7. Lebih baik membawa mobil sendiri.
8. Ayah saya mengizinkan kita membawa mobil kantor.
9. Anda bisa mengendarai mobil?
10. Hari Minggu kita pergi ke Cisarua.

제14과 따만 사파리로의 여행

PERJALANAN KE TAMAN SAFARI

1. Kita berangkat sekarang saja ke Taman Safari.
2. Kalau kita berangkat sekarang, perjalanan ke Taman Mini belum macet.
3. Siapa lagi yang akan ikut?
4. Tidak ada lagi.
5. Jadi, hanya kita berdua saja?
6. Kita ke sana santai saja.
7. Boleh saya bertanya?
8. Saya sudah sering dengar nama Taman Mini itu.
9. Taman Safari itu semacam kebun binatang.
10. Di sana ada binatang buas dan binatang-binatang lainnya.

제15과 따만 사파리에서

DI TAMAN SAFARI

1. Kita sudah sampai di Taman Safari.
2. Sebelum kita masuk harus membeli tiket dulu.
3. Berapa harga tiketnya?
4. Cukup mahal harga tiketnya.
5. Itu untuk biaya makan dan perawatan binatang-binatang.
6. Oh, begitu.
7. Kaca mobil semuanya ditutup.
8. Mengapa harus ditutup?
9. Soalnya binatang-binatang buas suka naik ke atap mobil.
10. Kita lihat saja nanti.

제16과 국가기념관

MONUMEN NASIONAL

1. Anda sudah pernah ke Bali?
2. Jauh tidak dari Jakarta?
3. Tidak begitu jauh.
4. Paling mudah kita naik kereta.
5. Nanti, kita akan turun di stasiun Gambir.
6. Itu emas seberat 100 kilogram.
7. Kalau Anda lihat ke utara, di sana ada Istana Negara.
8. Kalau di sebelah selatan Monas ada apa?
9. Paling ujung sebelah timur itu kantor kedutaan Amerika.
10. Telkom adalah akronim dari Telepon dan Komunikasi.

제17과 감비르 역에서

DI STASIUN GAMBIR

1. Amelia, hari sudah malam.
2. Kita naik saja kereta di stasiun Gambir.
3. Di mana kita membeli tiketnya?
4. Di loket sebelah utara juga ada penjualan tiket.
5. Ke kota mana saja?
6. Yang paling jauh Surabaya.
7. Lalu bagaimana dengan loket sebelah selatan?
8. Itu tempat penjualan tiket.
9. Orang-orang sudah mengantre rupanya.
10. Anda tunggu saja di sini!

제18과 호텔에 묵다

MENGINAP DI HOTEL

1. Apakah Seung Hwan sudah mendapatkan kamar kos?
2. Dia akan tinggal di apartemen Batavia.
3. Tetapi, ada masalah sedikit.
4. Dia baru lusa dapat tinggal di apartemen itu.
5. Bagaimana kalau kita carikan dia hotel?
6. Amelia, tolong pesan kamar untuk dua malam di vila Beverly Hills Bali.
7. Ada yang bisa saya bantu?
8. Teman saya mau menginap di sini, apakah ada kamar kosong?
9. Berapa tarif per malamnya?
10. Atas nama siapa?

제19과 병원 진료

BEROBAT KE DOKTER

1. Wajah Anda kelihatan pucat.
2. Mungkin saya sakit.
3. Barangkali masuk angin atau terlalu banyak makan pedas.
4. Semalam saya begadang sampai pukul tiga pagi.
5. Tolong antar saya ke dokter.
6. Mau periksa ke dokter?
7. Tolong isi formulir ini.
8. Ini soal umur, pakai perhitungan Korea atau Indonesia?
9. Cantumkan juga nomor HP Anda!
10. Nanti akan saya panggil.

제120과 사왕안에서 골프하기

MAIN GOLF DI SAWANGAN

1. Wah, pemandangannya bagus sekali!
2. Padang golf ini terkenal dan fasilitasnya lengkap.
3. Di padang golf ini jumlah holenya ada berapa?
4. Anda pandai bermain golf?
5. Rata-rata saya main 90 pukulan.
6. Pukulannya bagus dan jaraknya juga jauh.
7. Mr. Hwang, rata-rata t-shotnya berapa?
8. Kita harus memperhatikan pengaruh angin juga.
9. Pukul pelan-pelan karena lainya turun.
10. Kalau Agga, sedikit keras, karena lainya naik.

고영훈 교수의

인도네시아어 회화 1

초판 인쇄 2018년 5월 9일
초판 발행 2018년 5월 16일

지은이 고영훈
발행인 김인철
총괄 · 기획 가정준 Director, University Knowledge Press
편집장 신선호 Executive Knowledge Contents Creator
도서편집 박현정 Contents Creator
전자책편집 이리나 e-Contents Creator
재무관리 문수진 Managing Creator
사전 · 출판 정준희 Contents Creator
마케팅 파트장 백승이 Chief Marketing Creator
마케팅 김민수 Marketing Creator
발행처 한국외국어대학교 지식출판원
02450 서울특별시 동대문구 이문로 107
전화 02)2173-2495~7
팩스 02)2173-3363
홈페이지 http://press.hufs.ac.kr
전자우편 press@hufs.ac.kr
출판등록 제6-6호(1969. 4. 30)
디자인 · 편집 디자인 퍼브 02)2254-4308
인쇄 · 제본 네오프린텍 02)718-3111

ISBN 979-11-5901-279-2 14730 정가 20,000원
ISBN 979-11-5901-278-5 (세트)

*잘못된 책은 교환하여 드립니다.

HU:NE은 한국외국어대학교 지식출판원의 어학도서, 사회과학도서, 지역학 도서 Sub Brand이다. 한국외대의 영문명인 HUFS, 현명한 국제전문가 양성(International+Intelligent)의 의미를 담고 있으며, 휴인(携引)의 뜻인 '이끌다, 끌고 나가다'라는 의미처럼 출판계를 이끄는 리더로서, 혁신의 이미지를 담고 있다.